CHRISTOPH BRÜNING
HEIKO BÖHMER

S E L T E N E
ERDEN

Der wichtigste Rohstoff des 21. Jahrhunderts

BÖRSENBUCHVERLAG

Gestaltung und Satz: Jürgen Hetz, denksportler Grafikmanufaktur
Gestaltung und Herstellung: Johanna Wack, Börsenmedien AG
Lektorat: Egbert Neumüller, Daniela Knauer
Druck: Bercker Grafischer Betrieb

ISBN 978-3-941493-86-5

Bibliografische Information der Deutschen Nationalbibliothek:
Die Deutsche Nationalbibliothek verzeichnet diese Publikation in der
Deutschen Nationalbibliografie; detaillierte bibliografische Daten
sind im Internet über <http://dnb.d-nb.de> abrufbar.

BÖRSEN MEDIEN
AKTIENGESELLSCHAFT

Postfach 1449 • 95305 Kulmbach
Tel: 0 92 21-90 51-0 • Fax: 0 92 21-90 51-44 44
E-Mail: buecher@boersenmedien.de
www.boersenbuchverlag.de

„DER NAHE OSTEN HAT ÖL UND CHINA HAT DIE SELTENEN ERDEN."

DENG XIAOPING
Ehemaliger chinesischer Premierminister

SELTENE
ERDEN

DANKSAGUNG
CHRISTOPH BRÜNING

Bei folgenden Personen möchte ich mich ganz besonders herzlich für ihre Unterstützung, ihre Beiträge, ihre gedanklichen Anstöße und die vielen angeregten Gespräche bedanken.

Zu allererst bei meinem Co-Autor Heiko Böhmer (Motto: „Ich lass die Finger fliegen.“). Für die Unterstützung bei der Recherche Dany A. Noll.

Bei Mick Knauff, der mich sofort mit dem richtigen Verlag zusammengebracht hat. Weiterer Dank gilt Marco Beckmann dafür, dass er sein Know-how der Nanotechnologie eingebracht hat. Extrem wertvolle Informationen lieferten auch die ausführlichen Gespräche und persönlichen Treffen mit den nordamerikanischen Marktexperten Don Bubar, Dave Trueman, John Kaiser, James Dines und Jack Lifton. („Thank you, Gentlemen“).

Dank gilt auch den vielen weiteren Experten, die sich für dieses Projekt Zeit genommen haben. Und ganz wichtig war auch die Unterstützung meiner Familie, die mich eine Weile entbehren musste. Danke Julia, Natalia, Tatiana und George.

DANKSAGUNG
HEIKO BÖHMER

Auch für einen Vielschreiber bedeutet ein Buch immer eine große Herausforderung, die ohne die Hilfe vieler Personen kaum zu meistern ist. Mein Dank gilt hier zuerst meinem Co-Autor Christoph Brüning, der mir erst im Oktober 2010 das Buchprojekt vorgestellt hat, von dem ich sofort begeistert war.

Mit seinem Motto „Ich schicke Dir dazu ein paar Bulletpoints" haben wir das Buch tatsächlich gemeinschaftlich erstellt – anders wäre es in der kurzen Zeit auch gar nicht gegangen. Durch die jahrelange Zusammenarbeit konnten wir uns komplett aufeinander verlassen.

Dennoch folgten einige sehr turbulente Wochen, in denen ich auf die Recherchesicherheit von Sven Eckstein setzen konnte – vielen Dank dafür. Auch bei mir musste die Familie eine anstrengende Zeit überstehen, in der ich viele Abende und Wochenenden am Buch gearbeitet habe. Danke für das Verständnis und die Unterstützung, Britta und Emma.

INHALTSVERZEICHNIS

KAPITEL 15

KAPITEL 16

DIE WICHTIGSTEN BEGRIFFE

Aus dem Chemieunterricht kennt man das Periodensystem. Neben den gängigen Elementen wie Kohlenstoff oder Stickstoff verbergen sich dort auch sehr viele unbekannte Elemente. Dazu zählt unter anderem die Gruppe der „Seltenen Erden". In diesem Buch benutzen wir auch den neueren Ausdruck „Seltenerdmetalle". Grundsätzlich werden diese Elemente vornehmlich in der Gruppe der Lanthanoide zusammengefasst. Bei der Betrachtung hinsichtlich der ökonomischen Nutzung der speziellen Elemente nimmt man im Allgemeinen noch die Elemente der ersten Nebengruppe mit hinzu. Im Einzelnen sind das Scandium, Yttrium und Lanthan.

Der Name „Seltene Erden" führt zunächst einmal in die falsche Richtung: Zum einen handelt es sich um Metalle und zum anderen sind diese Elemente alles andere als selten auf der Erde anzutreffen. Der Name „Erden" lässt sich einfach erklären, denn das ist der alte Ausdruck für Oxide, und in dieser Form kommen die Seltenerdmetalle immer vor. In Rohstoff-Vorkommen wird die Konzentration von Seltenerdmetallen in Seltenerdoxiden angegeben. Die gängige Abkürzung dafür lautet SEO und wird in Prozent oder Tonnen angegeben. Was diese Rohstoffe so begehrt macht: In den meisten Fällen ist die Konzentration so gering, dass sich ein Abbau aus wirtschaftlicher Sicht nicht lohnt. So liegt der Gesamtgehalt in der festen Erdrinde an allen Lanthanoiden etwa bei 0,1 Promille.

Cer ist die häufigste Seltene Erde. Es kommt mit ungefähr 43 ppm in der Erdkruste vor. Dabei bezeichnet „ppm" die Einheit „parts per million" (tausendstel Promille). Somit ist Cer sehr viel häufiger als Blei, Arsen, Antimon, Quecksilber oder Cadmium. Den zweiten Platz hinsichtlich der Häufigkeit nimmt Europium ein. Mit knapp 10 ppm rangiert Europium in einem ähnlichen Bereich wie Gold und Platin.

Sehr häufig tauchen in der aktuellen Diskussion auch andere Metalle auf, die im Deutschen „Nebenmetalle" genannt werden. Der US-Marktexperte Jack Lifton hat hierfür den Namen „Technologiemetalle" entwickelt. Hierzu zählen unter anderem Wolfram, Titan und Molybdän. Diese Metalle werden in diesem Buch jedoch nur einleitend erwähnt. Im Fokus steht ganz klar der Bereich der Seltenen Erden.

VORWORT

Wenn man mich früher in meiner Karriere als Explorationsgeologe gefragt hätte, ob ich Spezialist auf dem Gebiet der Seltenerdmetalle werden wolle, dann hätte ich vermutlich auf die gleiche Art geantwortet, wie es die meisten Investoren heutzutage tun, wenn man ihnen eine Investitionsmöglichkeit in Seltene Erden vorschlägt: „Was zum Teufel sind Seltenerdmetalle und warum sollte ich mich für solche unbedeutenden Rohstoffe interessieren?"

Meinen Einstieg in die Seltenerdmetalle verdanke ich zwei typischen Eigenschaften von Explorationsgeologen: der natürlichen Neugier des Wissenschaftlers und dem Unternehmergeist, immer Möglichkeiten zu ergreifen, die sich in einen profitablen Vorteil wenden können.

Es war im Jahr 1996. Der Goldpreis war eingebrochen und der Bre-X-Skandal sorgte dafür, dass das Interesse der Investoren an spekulativen Minenaktien verflog und ein Wettbewerb der Unternehmen um Finanzierungskapital entstand. Zuvor schon hatte Avalon auf einen neuen Fund eines Lithium-Tantalum-Pegmatits – auch bekannt als „Big Whopper" – in Nordwest-Ontario eine Option eingeräumt bekommen. Das Lithium war in Petalit enthalten, einem seltenen Mineral, welches als ideales Ausgangsmaterial für bestimmte Spezialgläser und Keramikprodukte geschätzt wird, insbesondere für Cornings berühmte Corningware-Töpfe. Tantal wurde in der Elektronik wichtig, um Hochleistungskondensatoren herzustellen, die für den Miniaturisierungstrend bei neuen verbraucherelektronischen Geräten wie Mobiltelefonen unerlässlich waren.

Wir dachten, wir wären auf einen Schlag reich geworden, und das dachte auch die Börse. Eine Zeit lang jedenfalls stieg der Kurs kräftig. Aber so einfach war das gar nicht: Seltene Metalle und Mineralien sind keine börsengehandelten Rohstoffe, also braucht man reale Kunden, die Produkte kaufen wollen. Und das ist der schwierige Teil. Glas- und Keramikfirmen benötigen größere Mengen für Probeanlagen. Wir sprechen hier nicht von einer Tasche voll und auch nicht von ein paar Zentnern – sie benötigen das Produkt waggonweise, Hunderte Tonnen von Material. Deshalb muss man eine mehrere Millionen Dollar teure Produktionsstätte errichten, bevor

man überhaupt einen festen Markt für das Produkt hat. Das macht die Finanzierung nicht leichter, auch nicht zu den besten Zeiten.

Zu allem Übel entschied sich Avalons aussichtsreichster Hauptkunde Corning Glass im Jahr 2001 dafür, seine Corningware-Sparte zu verkaufen. Die neuen Besitzer schlossen unverzüglich das amerikanische Werk und verlagerten die Produktion und damit die unternehmerische Chance nach China. Für uns hieß das damals, dass wir in der Wirklichkeit des Geschäfts mit seltenen Metallen und Mineralien hartes Lehrgeld bezahlen mussten.

Der Vorstoß in den Tantalmarkt gestaltete sich auch nicht leichter. Unsere Träume von der Produktion seltener Metalle schienen schon 2002 geplatzt zu sein, als die Finanzierung eines strategischen Partners nicht verlängert wurde. Zudem entwickelte sich der Rohstoffmarkt im Allgemeinen im Zuge der geplatzten Internetblase und infolge der niedrigen Metallpreise schlecht.

Dank einer anderen persönlichen Eigenschaft blieb ich nach diesen anfänglichen Rückschlägen im Geschäft mit den seltenen Metallen – und das war meine Beharrlichkeit! Beharrlichkeit und Entschlossenheit, verbunden mit dem Gedanken, dass die Stunde der seltenen Metalle mit dem stetigen Fortschritt im Bereich Hightech in der Welt der Rohstoffe kommen würde. Auch wenn wir im Jahr 1996 noch ein wenig früh dran waren, vertraute ich darauf, dass sich unsere Geduld eines Tages auszahlen würde.

Abschwünge bringen beharrlichen Unternehmern solche Gelegenheiten. Die Chance kam 2004, als eine ungeliebte Liegenschaft in den Northwest Territories Kanadas namens Thor Lake auf den Markt kam, eine unbeachtete, verlassene Anlage. Damals zahlten sich all die Jahre des Abmühens auf dem finsteren Markt der seltenen Metalle in Form von Wissen über diese Metalle und in Form von Kontaktnetzwerken aus. Einer dieser Kontakte war David Trueman, ein Pionier in diesem Business, der mich darauf aufmerksam machte, dass Thor Lake als Liegenschaft in Betracht zu ziehen wäre. Während Thor Lake allgemein als dauerhafter Fehlschlag gesehen wurde, erkannte ich die Möglichkeiten, die in seinem Reichtum an Seltenen Erden lagen. Diese begannen damals gerade, als

wichtige Rohstoffe mit wachsender Nachfrage und begrenzten Bezugsquellen die Aufmerksamkeit auf sich zu ziehen.

Da ich so viel Zeit damit verbracht hatte, mir auf Konferenzen Vorträge über Industriemineralien anzuhören, wusste ich, dass die schweren Seltenen Erden für die Gründung neuer Seltene-Erden-Projekte von entscheidender Bedeutung waren. Als wir schließlich entdeckten, dass wir in Thor Lake hochwertige schwere Seltene Erden besaßen, wusste ich, dass wir eine echte Chance hatten.

Auch wenn ich schon früh an das Geschäft mit den Seltenen Erden geglaubt habe, so konnte ich das heute herrschende unglaubliche Interesse und die plötzlich weit verbreitete öffentliche Aufmerksamkeit sicherlich nicht vorhersehen. Diese unbedeutenden Rohstoffe sind zu einem strategischen und wichtigen Bestandteil des täglichen Lebens geworden. Von Mobiltelefonen über Solarzellen und Hybridautos bis hin zu HDTV: Seltene Metalle sind essenziell und bieten aufregende neue Chancen für Investoren.

Ich bin davon überzeugt, dass dieses Buch Sie dazu anregen wird, heutige Investitionsmöglichkeiten in diesem lukrativen Sektor genauer in Augenschein zu nehmen – besonders weil Sie immer noch relativ früh in die Seltenen Erden einsteigen können.

Donald S. Bubar

President & CEO, Avalon Rare Metals
Dezember 2010

EINLEITUNG

OHNE SELTENE ERDEN IST UNSER WACHSTUM IN GEFAHR

„Wer in einer begrenzten Welt an unbegrenztes, exponentielles Wachstum glaubt, ist entweder ein Idiot oder ein Ökonom"

Kenneth Boulding, Ökonom

Wie so oft bei chemischen Fachbegriffen, kann die Masse der Bevölkerung mit „Seltene Erden" nur wenig anfangen. Doch man kann das Thema der Seltenen Erden sehr schnell fassbar machen: Ohne die ausreichende Versorgung mit einigen Seltenen Erden müssten Teile der deutschen Industrie die Produktion einstellen.

Da die Einsatzgebiete so vielfältig sind, aber die wichtigste Quelle mit China so begrenzt ist, gehört nicht viel dazu, sich vorzustellen, dass wir vor großen Herausforderungen stehen.

Dennoch sind die Seltenen Erden immer noch ein Randthema – das aber stetig und vor allem schnell an Bedeutung gewinnt. Dazu reicht schon ein kurzer Blick zurück: Bereits Ende 2008 waren wir nach einigen Gesprächen auf Messen in den Vereinigten Staaten mit verschiedenen Rohstoffexperten auf das Thema Seltene Erden aufmerksam geworden. Es dauerte dann noch bis zum März 2009, bis wir die erste Sektorstudie zum Thema Seltene Erden veröffentlichten.

Die Wirkung dieser Studie hielt sich noch in Grenzen. Doch das lag vor allem daran, dass zu der Zeit viele Investoren ganz einfach andere Sorgen hatten, als sich um neue Trends zu kümmern. Bei vielen Rohstoffunternehmen ging es in diesen Märztagen ums nackte Überleben. Erinnern Sie sich: Der DAX notierte im Tief bei rund 3.600 Punkten. Düstere Szenarien über den weiteren Verlauf der Krise machten die Runde. Die Verunsicherung an den Märkten war quasi mit Händen zu greifen. Aber wir hatten mit dieser Sektorstudie den richtigen Riecher. Im Vorfeld war es allerdings schwierig, überhaupt zehn börsennotierte Firmen zu finden, die etwas mit dem Thema Seltene Erden zu tun hatten.

Wir entschlossen uns daher sofort, auch verwandte Metalle wie Tantal, Niob und Lithium mit in die Studie aufzunehmen. In unserer

Studie empfahlen wir dann die Aktien von Avalon Rare Metals, Rare Element Resources, Commerce Resources und Canada Lithium zum Kauf. Mit folgenden drei Aktien landeten wir Volltreffer:

Rare Element Resources
Kurs bei Empfehlung 0,23 Euro / Anfang 2011 bei 9,90 Euro

Avalon Rare Metals
Kurs bei Empfehlung 0,35 Euro / Anfang 2011 bei 4,35 Euro

Canada Lithium
Kurs bei Empfehlung 0,08 Euro / Anfang 2011 bei 1,23 Euro

Nach dieser Studie blieben wir an dem Thema dran. Richtig Fahrt nahm es aber erst wieder zur PDAC 2010 in Toronto auf. Uns fielen auf der Messe schon sehr viele neue Firmen aus dem Segment der Seltenen Erden auf. Es gab auf einmal Vorträge zu diesem Thema. Kurzum: Aus dem Außenseiterthema war ein neuer Trend geworden.

Es waren zwar noch nicht sehr viele Investoren auf den Zug aufgesprungen, aber anders als im Vorjahr hatten nun einige Investoren wieder freies Kapital, und so war der Boden für den neuen Boom bereitet. Er wurde zusätzlich durch die chinesische Politik angetrieben: Meldungen über mögliche Kürzungen der Exportquoten sorgten für einen Hebel. Als wir dann das Angebot erhielten, dieses Buch zu schreiben, zögerten wir nicht lange. Aus Investorensicht ist dieses Thema bislang in Deutschland einem größeren Kreis noch kaum nähergebracht worden.

Den Herbst 2010 verwendeten wir zur intensiven Recherche. Vor allem Christoph Brüning nutzte seine langjährigen Kontakte zur nordamerikanischen Rohstoffszene. In zahlreichen ausführlichen Gesprächen in San Francisco und Vancouver tauchte er immer tiefer in das Thema ein. Heiko Böhmer hingegen kümmerte sich verstärkt um den europäischen Aspekt.

In Zusammenarbeit entstand dann in nur wenigen Wochen dieses Buch. Bis zuletzt nahmen wir immer noch Änderungen vor und

warteten die Einführung neuer Investmentmöglichkeiten ab. Daher ist das vorliegende Werk eine Bestandsaufnahme des Seltene-Erden-Sektors Ende 2010.

Immerhin hat das Thema etwas von seinem Außenseiterstatus verloren. So gab es schon im Oktober 2010 Meldungen in der Tagesschau über die instabile Versorgung mit Seltenen Erden aus China und die Maßnahmen der Bundesregierung.

Nach einem solchen Boom mit enormen Kurssprüngen stellt sich Investoren natürlich die Frage: Ist das nicht ein Hype? Wir sagen an dieser Stelle ganz klar: Nein. Der Sektor hat noch einige turbulente Jahre mit heftigen Preisanstiegen vor sich. Den besten Weg, als Investor von diesem Sektor zu profitieren, bieten Aktien.

Dabei liegt es ganz an der Risikobereitschaft der Investoren, ob sie Einzelaktien oder Zertifikate nehmen, die den Sektor abbilden.

Nun wünschen wir Ihnen viel Spaß bei der Lektüre des Buches!

Christoph Brüning & Heiko Böhmer

KAPITEL

WAS SIND
TECHNOLOGIEMETALLE?

In den Medien geistern seit einiger Zeit verschiedene neue Begriffe herum, die erst einmal geklärt werden müssen. Zu den Seltenen Erden kommen wir im nächsten Kapitel. Zunächst geht es um die Technologiemetalle. Von Edelmetallen oder Industriemetallen haben wir alle schon einmal gehört. Aber was sind denn eigentlich Technologiemetalle?

Dieser Begriff ist tatsächlich noch recht neu und geht auf den Marktexperten Jack Lifton zurück. Für die Recherche zu diesem Buch haben wir uns intensiv mit Jack Lifton und anderen Marktexperten unterhalten. So finden Sie am Ende des Buches auch ein Interview mit ihm. Tatsächlich hat Lifton den Begriff „Technology Metals" im Jahr 2007 eingeführt.

In diesem Buch beziehen wir uns auf folgende Definition: Technologiemetalle sind seltene Metalle, die für die Herstellung von Hightech-Produkten und hochwertigen Maschinen absolut notwendig sind.

Im Einzelnen zählen zu diesen Anwendungen die Massenproduktion von extrem kleinen elektronischen Bauteilen sowie hochtechnische Waffen- und Verteidigungssysteme. Ferner fällt darunter die Stromerzeugung durch alternative Quellen wie Wind- oder Sonnenenergie. Und schließlich gehört dazu noch die Speicherung von Energie in Akkus oder Batterien.

Nun gibt es darüber hinaus noch eine Vielzahl anderer Anwendungen, aber die hier aufgelisteten sind die wichtigsten. Eine genaue Erklärung der Anwendungen und von Plänen für zukünftige Nutzungen finden Sie in Kapitel 6.

Ganz wichtig ist an dieser Stelle auch die Feststellung, dass die meisten Metalle, die in den genannten Bereichen eingesetzt werden, als Beiprodukte bei der Förderung von Industriemetallen anfallen. Die großen Ausnahmen hiervon sind die Seltenen Erden und Lithium. Doch dazu später mehr.

Wie sind diese Technologiemetalle denn nun für unseren heutigen Alltag so wichtig geworden? Dazu lohnt sich ein Blick zurück in die Geschichte. Vor dem Zweiten Weltkrieg gab es für sehr viele Metalle keine technische Verwendung. Im Grunde waren sie nicht viel

mehr als Laborraritäten, die nur in kleinen Mengen vorhanden waren und nur für sehr viel Geld und Zeitaufwand zu bekommen waren. Aus diesem Grund nannte man diese Gruppe auch die „Minor Metals", also die unbedeutenden Metalle.

Im Gegensatz zu Edelmetallen wie Gold und Silber oder Industriemetallen wie Kupfer und Zink hatten diese sonstigen Metalle keinen wirklichen Nutzen und somit auch keine Bedeutung. Es spielte zu jener Zeit auch keine Rolle, in welchem Überfluss bestimmte Metalle in der Natur vorkamen. So lange es keinen wirklichen Nutzen dafür gab, etablierte sich keine massive Produktion.

Eine solche Außenseiterrolle nahm auch Nickel ein. Es war bekannt, aber bis zur Entwicklung der Massenproduktion von Edelstahl ab 1919 konnte man es nicht wirklich für etwas gebrauchen. Ab diesem Zeitpunkt begann der Boom der Nickelproduktion.

Ein weiteres Beispiel für eine rapide Entwicklung in diesem Sektor ist Wolfram. Beim US-Konzern General Electric, sozusagen dem Gegenstück zu Siemens, gelang die Entwicklung von dehnbarem Wolfram. Dieses wurde dann als verbesserte Glühwendel in Glühbirnen eingesetzt. Und so begann der Siegeszug der Glühbirne – bis verschiedene Staaten wie Australien und die EU begannen, die Energiesparlampen zu fördern und den Verkauf von klassischen Glühbirnen zum Teil sogar zu verbieten. Aber das ist eine andere Geschichte.

Ausgehend von dieser Anwendung wurde die Forschung bei Wolfram weiter vorangetrieben. Das Metall wurde auch in Stahllegierungen eingesetzt, und zwar zunächst im militärischen Bereich. Dabei ging es um Waffenteile, aber auch um Munition. An der Schwelle zum 20. Jahrhundert gehörte Wolfram ohne Frage zu den unbedeutenden Metallen. Aber schon 1918 hatte es sich zu einem wichtigen Industriemetall entwickelt. Und hätte es zu der damaligen Zeit den Begriff „Technologiemetall" schon gegeben – auf Wolfram hätte er zugetroffen.

Eine noch größere Ausbreitung – wenn auch über einen längeren Zeitraum – erlebte Aluminium. Heute kann man es sich nicht mehr vorstellen, aber Aluminium als Baumaterial war im späten 19. Jahrhundert extrem teuer. In den Vereinigten Staaten wurde 1886 die

Abdeckung des Washington Monument aus Aluminium gefertigt, um der Welt den Reichtum der Vereinigten Staaten vorzuführen. Damals war Aluminium sogar teurer als Gold. Unglaublich! Heute kostet die Tonne Aluminium rund 2.300 Euro und eine Feinunze Gold mit gerade einmal 31 Gramm schon mehr als 1.300 US-Dollar.

Wenn damals jemand vorausgesagt hätte, dass es eines Tages Kochtöpfe aus Aluminium geben würde und diese ein alltäglicher Artikel sein würden, hätte man ihn sicherlich für verrückt erklärt. Ähnlich illusorisch hätte es 1919 geklungen, wenn man die zahlreichen Einsatzmöglichkeiten von Edelstahl vorhergesagt hätte, die es heute ebenfalls in der Küche gibt.

Es brauchte aber auch noch ein äußeres Ereignis, um die Metallforschung weiter voranzutreiben. Der Wendepunkt in der Geschichte der „Minor Metals" war ohne Frage der Zweite Weltkrieg. Zwar wurde schon der Erste Weltkrieg als moderner Krieg mit Panzern und Flugzeugen geführt, doch bis 1939 wurden einige neue hochtechnische Waffensysteme entwickelt, in denen viele bislang kaum genutzte Metalle zum Einsatz kamen.

Dabei spielten oft der Stromtransport oder die Energiespeicherung eine wichtige Rolle. In den Jahren davor, als viele der „Seltenen Erden" entdeckt wurden, fragte man sich, wofür diese Stoffe eingesetzt werden könnten. In dieser Phase stand zunächst einmal die Entdeckung im Vordergrund. Der Forschergeist bezog sich weniger auf Anwendungen. Vor dem Ersten Weltkrieg ging es in der Metallforschung hauptsächlich um die Stromübertragung oder die Speicherung von Energie. Dabei war die Entdeckung der in der Natur vorkommenden Metalle noch gar nicht abgeschlossen. Als letztes natürlich vorkommendes Metall wurde 1924 Rhenium entdeckt. Aber außer dem Interesse der akademischen Forschung an den neuen Elementen wurden die neuen Stoffe nicht großartig beachtet. Die Gleichung zu dieser Zeit war einfach: Die fehlenden Anwendungen ließen keine Nachfrage aufkommen und daher gab es auch keine Anstrengungen, das Angebot zu vergrößern.

Der Zweite Weltkrieg war fraglos der wichtigste Wachstumstreiber für die Entwicklung der „Minor Metals" zu den „Technology

Metals". Ganz entscheidend war damals folgender Aspekt: Die Wirtschaftlichkeit der Forschungen trat in den Hintergrund. Im Mittelpunkt stand quasi über Nacht die nationale Sicherheit, und dafür gab es kaum finanzielle Grenzen. So kam es in nur wenigen Jahren zu bahnbrechenden Erfindungen, die zunächst im militärischen Bereich zum Einsatz kamen. Ein ganz wichtiger Aspekt ist hier sicherlich die Raketentechnik. Aber auch bei Funk und Radar setzten sich in nur wenigen Jahren komplett neue Technologien durch.

Damals wurden riesige Forschungsanstrengungen unternommen. Dabei erklärten ambitionierte Physiker und Ingenieure den mit der Metallurgie befassten Verfahrenstechnikern, welche Stoffe mit welchen speziellen Eigenschaften gebraucht wurden. Dann begannen die Metallurgie-Experten zu forschen und fanden Wege, die benötigten Stoffe zu finden, weiterzuverarbeiten und eine Massenproduktion aufzubauen. Jedoch ging es zu Beginn vornehmlich um die militärische Nutzung. Die Forschungsanstrengungen führten dann beispielsweise zu der ersten wirklich groß angelegten Produktion von Stoffen wie reinem Silizium oder Germanium. Zusätzlich entwickelten sich auch größere Produktionsstätten für sehr reines Gallium und Indium sowie Uran und Thorium. Als gemischte Gruppe kamen auch damals schon Seltene Erden zum Einsatz und direkt nach dem Zweiten Weltkrieg tauchte auch Lithium auf dem Markt auf.

Auch nach dem Ende des Zweiten Weltkriegs sorgte die Fortsetzung der Spannungen in der Zeit des Kalten Krieges für eine weitere starke Ausweitung der Produktion der neuen Technologiemetalle. Ab den 1960er-Jahren setzte dann ein Transformationsprozess ein: Für viele militärische Anwendungen der neuen Metalle gab es jetzt auch eine zivile Nutzung. So stieg der Ausstoß der Technologiemetalle über die Jahre beträchtlich an.

In den 1960er-Jahren entwickelte sich die Mountain-Pass-Mine in Kalifornien zur wichtigsten Produktionsstätte für Seltene Erden. Der Katalysator für die dortige Entwicklung war die Einführung des Farbfernsehens. Für die neuen Bildröhren wurden große Mengen Cer benötigt.

Seitdem hat sich der Markt komplett verändert. So sind die technologischen Anwendungen in der Wirtschaft nun in den Vordergrund getreten. Während anfangs das Militär und damit die Staaten bei der Versorgung mit Technologiemetallen die Hauptrolle spielten, müssen sie sich heute unter mehreren Kunden in die Schlange einreihen. Das ökonomische Prinzip hat sich auch in diesem Markt durchgesetzt: Wer den höchsten Preis bezahlt, erhält den Zuschlag.

Die strategische Bedeutung dieser Stoffe wird uns in den nächsten Jahren noch sehr viel extremer beschäftigen. Hier kommt China ins Spiel. Das asiatische Boomland kontrolliert derzeit noch mehr als 90 Prozent der Produktion an Seltenen Erden. Die Betonung auf „noch" ist in diesem Zusammenhang sehr wichtig. Wenn die Erschließung der vielen Projekte außerhalb Chinas in den nächsten Jahren problemlos verläuft, gibt es spätestens ab 2015 auf dem Weltmarkt zahlreiche neue Anbieter, die den chinesischen Produkten Konkurrenz machen können. Ein erster Schritt dahin ist sicherlich die Wiederinbetriebnahme der Mountain-Pass-Mine in Kalifornien durch den Betreiber Molycorp. Laut den aktuellen Planungen ist die Aufnahme der Produktion für Ende 2012 geplant. Zunächst muss Molycorp aber noch einige ausstehende Genehmigungen einholen.

Bei einer zunächst geplanten Jahresproduktion von rund 19.000 Tonnen Seltenerdoxiden (SEO) sichert sich Molycorp auf Anhieb einen Anteil am Weltmarkt von mehr als 15 Prozent. Allerdings besteht hier die Gefahr, dass die chinesischen Produzenten die Preise niedrig halten, um den großflächigen Markteinstieg von ausländischen Anbietern zu verhindern.

Aber welche Metalle fallen denn heute noch in die Kategorie „selten"? Darüber gibt die folgende Übersicht Aufschluss. Hier sind verschiedene Metalle aufgelistet. Metalle mit einer Jahresproduktion von weniger als 25.000 Tonnen fallen dabei immer noch in die Kategorie „selten". In die Kategorie der „Minor Metals" fallen heutzutage nur noch einige Seltene Erden wie Holmium, Ytterbium und Lutetium. Das liegt daran, dass es für diese Stoffe immer noch keine Massenanwendungen gibt und sie daher noch ein Schattendasein führen. Aber in dieser Außenseiterrolle waren andere Metalle auch

und haben sich daraus gelöst. Vielleicht erwartet uns das ja auch noch bei diesen wirklich seltenen Stoffen.

TABELLE 1:
GESCHÄTZTE JAHRESPRODUKTION 2009 IN TONNEN

METALL	PRODUKTIONS-MENGE	METALL	PRODUKTIONS-MENGE
Kobalt	62.000	Europium	272
Uran	35.332	Palladium	195
Lanthan	32.860	Platin	178
Silber	21.332	Germanium	140
Neodym	19.069	Gallium	78
Cadmium	18.000	Rhenium	52
Lithium	18.000	Rhodium	30
Yttrium	8.900	Hafnium	25
Bismut	7.300	Erbium	UNBEKANNT
Praseodym	6.150	Holmium	UNBEKANNT
Gold	2.350	Lutetium	UNBEKANNT
Dysprosium	2.000	Scandium	UNBEKANNT
Selen	1.500	Tellur	UNBEKANNT
Samarium	1.364	Thorium	UNBEKANNT
Zirconium	1.230	Thulium	UNBEKANNT
Tantal	1.160	Ytterbium	UNBEKANNT
Gadolinium	744		

QUELLE: U.S. GEOLOGICAL SURVEY, BRITISH GEOLOGICAL SURVEY

Der entscheidende Faktor bei den Technologiemetallen besteht darin, dass sie sehr stark an die Produktion der Industriemetalle gekoppelt sind. Insofern ist eine hohe Produktion bei einigen dieser Metalle nur möglich, wenn auch sehr viele Industriemetalle gefördert werden.

Wenn es aber zu einem Preisverfall bei den Industriemetallen kommt, so wie es während der heißen Phase der Finanzkrise zu beobachten war, dann werden Nickel- oder Kupferminen auch schon mal vorübergehend geschlossen. Das liegt hauptsächlich daran, dass der Marktpreis dann unter die Produktionskosten sinkt. In einer solchen Phase ist es für die Produzenten günstiger, gar nicht zu produzieren, als mit jeder Tonne Erz Verlust zu machen.

Durch die hohen Lagerbestände ist eine solche Phase bei gängigen Metallen wie Kupfer oder Nickel leicht zu überstehen. Doch die ohnehin schon engen Märkte der Technologiemetalle geraten durch solche Produktionspausen weiter aus dem Gleichgewicht.

Bei den Seltenen Erden, die ja in der Natur als Gruppe vorkommen, ist aufgrund der komplexen Metallurgie die Trennung der wichtigste Faktor. Hier reicht es also nicht, eine Ressource nachzuweisen. Sehr viel entscheidender ist es, eine Pilotanlage zu installieren, mit deren Hilfe dann die Herstellung von marktfähigen Produkten möglich ist.

KAPITEL

2

WAS SIND
SELTENE ERDEN?

Laut aktuellen Zahlen des U.S. Geological Survey (USGS) belaufen sich die bekannten Reserven der Seltenerdoxide auf 88 Millionen Tonnen. Die geschätzten Ressourcen liegen sogar bei rund 150 Millionen Tonnen. Legt man den heutigen Verbrauch zugrunde, so reichen die Reserven noch für 715 Jahre. Bei den Ressourcen verlängert sich die Reichweite sogar auf 1.220 Jahre.

Nun hören sich diese Zahlen sehr beruhigend an. Aber der überwiegende Teil der bekannten Ressourcen kann nicht so einfach gefördert werden. Das liegt an der komplizierten geologischen Struktur der verschiedenen Vorkommen. Zudem sind außerhalb von China bislang nur wenige Lagerstätten mit Mineralisierungen ausgestattet, die eine kommerzielle Produktion lohnen würden.

Laut einer Übersicht des Experten Naumov aus dem Jahr 2008 sind die wichtigsten Quellen für Seltene Erden folgende Minerale:

BASTNÄSIT mit 50-60 Prozent SEO
MONAZIT mit 30 bis 35 Prozent SEO
XENOTIM mit 55 bis 60 Prozent SEO
„ION ADSORPTION CLAYS" mit 10 bis 20 Prozent SEO

Zum besseren Verständnis folgt nun ein kurzer Überblick über die wichtigsten Minerale.

BASTNÄSIT:

Dieser nordisch klingende Name leitet sich von einer traditionellen schwedischen Bergbauregion ab. Dabei steht der Name Bastnäsit für eine Serie von Mineralien, die zur Gruppe der Carbonate gehören. Genauer handelt es sich dabei um Lanthanoid-Fluorcarbonate.

Diese bilden seit rund 50 Jahren die Basis für einen Großteil der weltweiten Produktion der Lanthanoide. So ist auch das Vorkommen der Mountain-Pass-Mine in Kalifornien ein Bastnäsit. Die Bastnäsit-Gruppe wiederum unterteilt sich in die folgenden Einzelminerale: Bastnäsit-(Ce), Bastnäsit-(Y) und Hydroxyl-Bastnäsit-(Ce). Dabei gibt das jeweilige Element in der Klammer den Hauptbestandteil an.

Somit enthalten Bastnäsitvorkommen zumeist einen hohen Anteil an Cer und Yttrium. Aber auch die anderen Seltenerdelemente

TABELLE 2:
ZUR BESSEREN VERANSCHAULICHUNG ZEIGT DIE FOLGENDE TABELLE DIE
TYPISCHE ZUSAMMENSETZUNG EINES BASTNÄSIT-(CE)-MINERALS:

ELEMENT	TYPISCHER ANTEIL
Cer	49,1 Prozent
Lanthan	33,2 Prozent
Neodym	12 Prozent
Praseodym	4,3 Prozent
Samarium	0,8 Prozent
Gadolinium	0,17 Prozent
Europium	0,12 Prozent
Dysprosium	310 ppm
Terbium	160 ppm
Holmium	50 ppm
Erbium	35 ppm
Thulium	8 ppm
Ytterbium	6 ppm
Lutetium	1 ppm

QUELLE: BERICHT „VORKOMMEN VON LANTHANOIDEN" DER UNI BIELEFELD

sind in kleineren und größeren Konzentrationen vorhanden. Das Mountain-Pass-Vorkommen von Molycorp in Kalifornien (Kapitel 5) fällt in die Kategorie der Bastnäsite. Auch die großen Vorkommen in China gehören dazu. In den Staaten der ehemaligen Sowjetunion finden sich ebenfalls größere Bastnäsitvorkommen.

MONAZIT:

Die meisten Lagerstätten der Seltenen Erden basieren auf Monazitvorkommen. Dabei leitet sich dieser Name vom griechischen „monázein" ab, was „alleine leben" bedeutet. Auf die Mineralien bezogen heißt das: Die Kristalle kommen einzeln vor. Zudem enthalten Monazite noch Verfallsstoffe aus früheren radioaktiven Bestandteilen, zum Beispiel Helium oder Blei. Die Monazite gehören zur Mineralklasse der Phosphate, Arsenate und Vanadate. Bei den Farben reicht das Spektrum von Rotbraun bis Gelb.

Die meisten Monazitvorkommen finden sich in Erzgruben in Gebirgen. Daneben gibt es aber auch Monazitsande an Flussläufen und in Küstengebieten. Die wichtigsten Vorkommen in Erzgruben gibt es in der Inneren Mongolei in China, im Süden Kaliforniens, in Südafrika und in Australien. Monazite sind aber auch an Stränden in Südindien, Sri Lanka und Brasilien nachgewiesen worden.

Wichtig ist bei Monaziten vor allem der oft hohe Thoriumanteil von bis zu 20 Volumenprozent, der zur Gesundheitsgefährdung durch Einatmen von radioaktiven Partikeln beim Abbau führen kann. Dies gilt vor allem für schon bestehende Bergwerke in China.

TABELLE 3:
AUCH FÜR MONAZITE GIBT ES UNGEFÄHRE ANGABEN ÜBER DIE ENTHALTENEN ELEMENTE, DIE ABER VON FUNDORT ZU FUNDORT VARIIEREN KÖNNEN:

ELEMENT	TYPISCHER ANTEIL
Cer	50 Prozent
Lanthan	20 Prozent
Neodym	20 Prozent
Praseodym	5 Prozent
Andere	5 Prozent

SELTENE
ERDEN

Seltene Erden – Vorkommen in Europa

Im Vergleich zu den großen Vorkommen in China und Nordamerika spielt Europa bei den Seltenen Erden nur eine kleine Rolle. Eine nennenswerte laufende Produktion gibt es lediglich in Russland. Genauer gesagt befindet sich das Vorkommen auf der Halbinsel Kola. Das dafür verantwortliche Unternehmen heißt Lovozerskaya GOK. Der Schwerpunkt der Produktion liegt auf einem Loparitkonzentrat, welches dort aus dem Lovozero-Alkalikomplex gewonnen wird. Zu 90 Prozent besteht das Konzentrat aus Loparit. Daneben enthält es noch Titan, Tantal und Niob. Zudem sind auch signifikante Mengen SEO vorhanden. Jedoch gibt es keine genauen Angaben über den Anteil der SEO an der Gesamtressource. Eine Schätzung geht von 4,4 Millionen Tonnen SEO aus.

Gegenwärtig noch ohne Bedeutung bei der Produktion, aber mit einem großen Potenzial ausgestattet, ist Grönland. Im Süden der riesigen Insel liegt das Kvanefjeld-Polymetall-Projekt, das von Greenland Minerals and Energy exploriert wird. Dort sind große Ressourcen an Seltenen Erden vorhanden. Laut den schon vorliegenden Schätzungen könnte dies eines der größten Vorkommen von Seltenen Erden auf der Welt sein. Der Abbau soll dabei als Beiprodukt der Uranförderung ablaufen. Die Ressource hat eine Größe von 457 Millionen Tonnen mit einem Gehalt von 1,07 Prozent SEO. Daraus ergibt sich ein Inhalt von rund 4,91 Millionen Tonnen SEO. Da es derzeit noch einige Schwierigkeiten hinsichtlich der Genehmigung des Abbaus durch die Regierung Grönlands gibt, kann sich der Beginn der Produktion noch um einige Jahre verzögern. Weitere Informationen zu Greenland Minerals and Energy finden Sie in Kapitel 14.2. „Die wichtigsten Aktien".

Es gibt auch Meldungen über Vorkommen von Seltenen Erden in Deutschland. In der Nähe von Storkwitz bei Delitzsch in Sachsen wurde Mitte der 1970er-Jahre im Rahmen von Explorationstätigkeiten auf Uran ein Vorkommen entdeckt. Bei weiteren Erkundungen in den 1980er-Jahren wurde dort eine mögliche Ressource von 41.600 Tonnen definiert, die einen Durchschnittsgehalt von knapp 0,5 Prozent SEO enthalten soll. Die Liegenschaft mit einer Größe von rund 100 Quadratkilometern wird derzeit von der Deutschen Rohstoff AG exploriert.

Zudem gibt es noch ein weiteres Vorkommen in der Nähe von Cuxhaven. Dort sollen vornehmlich schwere Seltene Erden im Mineralsand vorhanden sein. Von der Struktur her soll dieser ähnlich aufgebaut sein wie bekannte Vorkommen an der Westküste Australiens. Laut einer Schätzung von 1985 belaufen sich die Ressourcen auf rund zehn Millionen Tonnen.

DER PRODUKTIONSPROZESS VON SELTENEN ERDEN

Grundsätzlich gilt, dass jedes Vorkommen von Seltenen Erden so individuell ist wie ein Fingerabdruck. Daher ergeben sich auch deutlich größere Herausforderungen als zum Beispiel bei Gold. Dort können fast schon standardisiert immer die gleichen Methoden eingesetzt werden.

Bei Seltenen Erden scheidet so etwas komplett aus. Sogar dieselben Mineralien wie Bastnäsite und Monazite unterscheiden sich immer in der Zusammensetzung. Vor allem enthalten die Vorkommen stets alle Seltenen Erden – allerdings in sehr unterschiedlichen Konzentrationen. Die notwendige Trennung der Seltenen Erden ist dann jeweils ein individueller Prozess.

Dabei beginnt alles mit dem Abbau der Ressource. Dann wird die Konzentration des so entstandenen Rohmaterials durch verschiedene

Prozesse erhöht. Am Anfang stehen dabei gravimetrische Methoden. Diese dienen dazu, die einzelnen Elemente aufgrund des unterschiedlichen Gewichts zu trennen.

Zur weiteren Vorbereitung der Reduktion werden dann verschiedene physikalische und chemische Trennverfahren eingesetzt. Dazu gehören unter anderem die selektive Oxidation, die Reduktion und die fraktionierte Kristallisation. Nach diesen verschiedenen Prozessen sind die Seltenerdoxide (SEO) abgetrennt und können schon als Handelsware verkauft werden.

Der nächste Schritt ist dann eine weitere Reduktion. Hierbei geht es darum, die Seltenerdoxide in Seltenerdchloride zu überführen.

Grundsätzlich gilt die Herstellung von puren Seltenerdmetallen als eine der schwierigsten Aufgaben der Metallurgie. So sind beispielsweise zum Abscheiden der einzelnen Elemente viele weitere Schritte notwendig. Hier nur eine kleine Auswahl: Trennung und Entgasung.

Am Ende der Aufbereitung steht der Einsatz von Höchstreinigungsmethoden. Diese Prozesse werden auch als „Ultrapurification" bezeichnet. Bei vielen Vorkommen ist es so, dass die Seltenen Erden bis zu 30 verschiedene Prozesse durchlaufen, bis sie in reiner Form vorliegen.

ABBILDUNG 1:
WERTSCHÖPFUNGSKETTE SELTENE ERDEN – VON DER MINE ZUM MAGNETEN

Aus dieser Darstellung geht hervor, wie kompliziert der gesamte Prozess der Aufbereitung ist. Zur weiteren Vertiefung des Themas ist bei der Recherche ein Buch besonders aufgefallen. In „Extractive

Metallurgy of Rare Earths" von Gupta und Krishnamurthy sind die verschiedenen Methoden anhand der einzelnen Seltenen Erden sehr genau dargestellt.

KAPITEL

3

SELTENE ERDEN –
DIE EINZELNEN ELEMENTE

Nach den eher allgemeineren Angaben zu den Seltenen Erden stehen in diesem Kapitel nun die einzelnen Elemente im Fokus. Von den Elementen, die zu den Seltenen Erden gezählt werden, gehören 14 zur Gruppe der Lanthanoide. Außerdem rechnet man noch drei Elemente der Scandiumgruppe zur Gruppe der Seltenerdmetalle, sodass sich eine Gesamtzahl von 17 Seltenen Erden ergibt.

Bevor wir zur Übersicht kommen, hier noch ein kurzer Blick in die Geschichte. Dabei sollen zwei Personen im Blickpunkt stehen, die für die Entwicklung der Seltenen Erden ganz wichtig waren.

Zum einen ist das Waldemar Lindgren. Der Schwede lebte von 1860 bis 1939 und hat 1919 als Erster den Begriff der Seltenen Erden eingeführt. Einen Teil seiner akademischen Ausbildung absolvierte er an der Bergakademie in Freiberg (Sachsen). Ab 1884 arbeitete er dann für den U.S. Geological Survey (USGS). In seiner akademischen Zeit veröffentlichte er knapp 200 Arbeiten. Als Anerkennung für seine Forschungen ist ein Mineral, das Lindgrenit, nach ihm benannt.

Zum anderen ist das Carl Auer von Welsbach. Der Wissenschaftler hat einige sehr wichtige Anwendungen für Seltene Erden erfunden. An die Seltenen Erden herangeführt wurde er im Laboratorium des bekannten Wissenschaftlers Prof. Bunsen, dessen Bunsenbrenner jeder aus dem Chemieunterricht kennt. Dabei entwickelte er den „Auer-Glühstrumpf" für Gaslampen. Solche Lampen sind auch heute noch als Campinglampen und in Gebieten ohne Stromversorgung sehr verbreitet.

Später widmete sich Auer aber auch der Weiterentwicklung der Glühlampe. Im Jahr 1906 ließ er sich beim Kaiserlichen Patentamt in Berlin das Warenzeichen OSRAM für die „Elektrische Glüh- und Bogenlichtlampe" eintragen. Auer von Welsbach war auch der Erste, dem die Trennung von Neodym und Praseodym gelang.

Diese beiden kurzen Porträts von zwei Wissenschaftlern zeigen, wie stark die Entwicklung der Seltenen Erden an einzelnen Personen festzumachen ist – da ist auf der einen Seite der Forscher, der die Elemente entdeckt, und auf der anderen Seite der praxisorientierte Wissenschaftler, der die Anwendungen vorantreibt.

Die nun folgende Übersicht liefert neben Angaben zur Geschichte der Seltenen Erden vor allem ausführliche Informationen über ihre Eigenschaften und ihre Anwendungsmöglichkeiten.

SCANDIUM

NAME:

Scandium kommt vom lateinischen „Scandia", was „Skandinavien" bedeutet. Die Proben, die der schwedische Chemiker Lars Fredrik Nilson untersuchte, kamen aus Skandinavien.

SYMBOL:	Sc
ORDNUNGSZAHL:	21
GRUPPE:	SCANDIUM
ELEMENTART:	LEICHTMETALL
ATOMGEWICHT:	44,96 u
ATOMRADIUS:	160 pm
SCHMELZTEMPERATUR:	1539 °C
SIEDETEMPERATUR:	2836 °C
DICHTE:	2,99 g/cm³
OXIDATIONSZAHLEN:	III
ELEKTRONEGATIVITÄT:	1,2
ERDKRUSTENHÄUFIGKEIT:	5x10⁻⁴ %
CAS-NUMMER:	7440-20-20

SCANDIUM

ENTDECKUNG:

Der schwedische Chemiker Lars Fredrik Nilson entdeckte Scandium 1879 im schwedischen Uppsala, als er versuchte, aus den Mineralien Euxenit und Gadolinit eine Probe Ytterbium zu produzieren.

EIGENSCHAFTEN:

Scandium ist ein weiches, silberweißes bis goldfarbenes Metall. Es beschlägt an der Luft und weist dann eine rosa Färbung auf. Es ist leicht entzündlich und reagiert mit Wasser, wobei Wasserstoff entsteht.

S E L T E N E
ERDEN

VORKOMMEN:

Es findet sich in geringer Konzentration in verschiedenen Mineralien wie Cerit, Orthit, Thortveitit, Wolframit und Euxenit. Weiterhin findet sich Scandium in Wolfram-, Zinn- und Uranerzen.

VERWENDUNG:

Aluminiumlegierungen: In den 1970er-Jahren wurden die positiven Effekte von Scandium in Aluminiumlegierungen entdeckt, die in der Luftfahrtindustrie zur Anwendung kommen. Solche Legierungen enthalten zwischen 0,1 Prozent und 0,5 Prozent Scandium. Die Hinzufügung von Scandium verhindert, dass heiß gewordene Schweißzonen an Aluminiumbauteilen zu grobkörnig werden. Einige Sportgeräte, die aus hochleistungsfähigem Material bestehen, sind mit Scandium-Aluminium-Legierungen versehen, wie etwa Baseballschläger, Lacrosse-Schläger, Fahrradrahmen und Verbindungskomponenten. Allerdings sind Titanlegierungen bei ähnlicher Stabilität und ähnlichem Gewicht preiswerter und werden deshalb häufiger eingesetzt.

ANDERE VERWENDUNGEN:

Es wird erwartet, dass Scandium-Aluminium-Legierungen bei der Herstellung von Kraftstoffzellen wichtig werden. Scandiumoxid (Scandia) wird in der Produktion von hoch intensivem Stadionlicht verwendet. Scandiumiodid wird in Quecksilberdampflampen verwendet, damit sie Licht ausstrahlen, das dem Tageslicht ähnelt und eine gute Farbwiedergabe bei Fernsehkameras liefert.

PRODUKTFORM:

Folie, Granulat, Pulver.

YTTRIUM

NAME:

Yttrium wurde wie auch Ytterbium, Terbium und Erbium nach dem ersten Fundort, dem Dorf Ytterby bei Stockholm, benannt.

SYMBOL:	Y
ORDNUNGSZAHL:	39
GRUPPE:	SCANDIUM
ELEMENTART:	LEICHTMETALL
ATOMGEWICHT:	88,91 u
ATOMRADIUS:	180 pm
SCHMELZTEMPERATUR:	1526 °C
SIEDETEMPERATUR:	3336 °C
DICHTE:	4,47 g/cm³
OXIDATIONSZAHLEN:	III
ELEKTRONEGATIVITÄT:	1,1
ERDKRUSTENHÄUFIGKEIT:	3x10⁻³%
CAS-NUMMER:	7440-65-5

ENTDECKUNG:

Yttrium wurde 1794 von Johan Gadolin entdeckt, einem finnischen Chemiker, der die Zusammensetzung eines neuen Minerals (Ytterbit, heute Gadolinit) aus einem Steinbruch nahe dem schwedischen Dorf Ytterby analysierte. Das Seltenerdmetall Gadolinium ist ebenfalls, wie das Mineral Gadolinit, nach Gadolin benannt. In Gadolinit und Euxenit entdeckte später Lars Fredrik Nilson Scandium.

EIGENSCHAFTEN:

Yttrium ist silberweiß und hochkristallin. Aufgrund der Bildung einer Oxidschicht auf seiner Oberfläche wird das Metall an der Luft nicht angegriffen.

VORKOMMEN:

Yttrium kommt in der Natur nicht im elementaren Zustand vor, sondern als Mineralienverbindung, insbesondere in Yttrotantalit, das neben Yttrium und Tantal auch Niob, Cer, Uran, Eisen und Calcium in unterschiedlicher Menge enthält. Heute wird Yttrium in erster Linie in China durch Lösungsmittelextraktion aus Tonmineralien gewonnen.

VERWENDUNG:

Yttrium wird in kleinen Mengen Aluminium- und Magnesium-legierungen hinzugefügt, um ihre Festigkeit und ihre Hitzebeständigkeit zu erhöhen. Es ist auch Bestandteil von Supralegierungen.

Automobil: Als Metall wird es in den Elektroden einiger High-Performance-Zündkerzen verwendet; als Sauerstoffsensor wird es zusammen mit Zirkonoxid in Abgaskatalysatoren, Turbolader-Komponenten und in Kolbenringen verwendet.

Elektronik: Als Yttrium-Phosphor wird es für die Erzeugung von Rot in Fernsehbildschirmen und Monitoren verwendet. In stromsparenden trichromatischen Leuchtstofflampen und LEDs wird es als Leuchtstoff für weißes Licht eingesetzt.

Medizin: Als Betastrahler wird Yttrium-90 zur Krebsbehandlung einschließlich Lymphomen, Leukämie, Eierstock-, Dickdarm-, Bauch-speicheldrüsen- und Knochenkrebs eingesetzt. Zur Behandlung von Schmerzen, die von Nerven im Rückenmark ausgehen, in entzündeten Gelenken, insbesondere Knien sowie von rheumatoider Arthritis. Als stabilisierende Keramik in künstlichen Gelenken und Prothesen.

Schmuck: Yttrium-Aluminium-Granat (YAG) wird wegen seiner Mohshärte von 8,5 als Imitat von Diamanten und anderen Edelsteinen eingesetzt.

PRODUKTFORM:

Draht, Folie, Granulat, Pulver, Sputtertarget, Stab.

LANTHAN

NAME:

Lanthan ist nach „lanthanein" benannt, dem griechischen Wort für „verborgen sein", weil sich dieses seltene Element sozusagen im Cer versteckt.

SYMBOL:	La
ORDNUNGSZAHL:	57
GRUPPE:	SCANDIUM, LANTHANOIDE
ELEMENTART:	LEICHTMETALL
ATOMGEWICHT:	88,91 u
ATOMRADIUS:	180 pm
SCHMELZTEMPERATUR:	1526 °C
SIEDETEMPERATUR:	3336 °C
DICHTE:	4,47 g/cm³
OXIDATIONSZAHLEN:	III
ELEKTRONEGATIVITÄT:	1,1
ERDKRUSTENHÄUFIGKEIT:	3x10⁻³ %
CAS-NUMMER:	7440-65-5

LANTHAN

ENTDECKUNG:

Der schwedische Chemiker Carl Gustaf Mosander entdeckte Lanthan im Jahr 1839 im schwedischen Stockholm in einer Substanz, die man bis dahin für reines Ceroxid hielt.

EIGENSCHAFTEN:

Lanthan ist ein silberweiß glänzendes Metall, das gut dehnbar und so weich ist, dass man es mit einem Messer schneiden kann. Es ist das erste Element im Periodensystem mit Lanthanoidenkontraktion – das ist die Abnahme des Ionenradius von Lanthan bis Lutetium. Lanthan ist eines der reaktivsten Seltenerdmetalle und

SELTENE ERDEN

reagiert direkt mit elementarem Kohlenstoff, Stickstoff, Bor, Selen, Silizium, Phosphor, Schwefel und Halogenen. Es oxidiert schnell an der Luft. Bei sehr niedrigen Temperaturen (6 K) wird Lanthan zum Supraleiter.

VORKOMMEN:
Lanthan kommt in den Mineralien Allanit und Bastnäsit vor.

VERWENDUNG:
Glas und Keramik: Legierungszusatz bei der Herstellung spezieller Güteklassen optischer Gläser, die über spezifische lichtbrechende Eigenschaften verfügen, zum Beispiel infrarot-absorbierendes Glas, in Kameras und Teleskopen, sowie bei Kristallglas und Porzellanglasuren, wo es giftige Bleiverbindungen ersetzt und sie „spülmaschinenfest" macht. Lanthanoxid wird auch zum Polieren von Glas und Edelsteinen verwendet.

Energie: In Nickel-Metallhydrid-(NiMH)-Akkus, die von mehreren Herstellern von Hybrid- und Elektrofahrzeugen eingesetzt werden, sowie in Laptops und Handhelds.

Legierungen: In hochfesten (HSLA) Stählen für Automobile und Kälteanwendungen wie Pipelines. Medizin und Pharmazie: Lanthancarbonat als Phosphatbinder zur Behandlung von Hyperphosphatämie und in Düngemitteln.

Sonstiges: Werkstoff in Zündsteinen, bei Carbon-Beleuchtungsanwendungen vor allem in der Filmindustrie; in Katalysatoren in der Erdölverarbeitung.

PRODUKTFORM:
Folie, Granulat, Pulver, Sputtertarget, Stab.

CER/CERIUM

NAME:

Cer, auch Cerium genannt, wurde nach dem Zwergplaneten Ceres benannt, der seinerseits 1801 von Giuseppe Piazzi entdeckt wurde. Er hat einen Äquatordurchmesser von 975 km und wurde nach der römischen Göttin des Ackerbaus benannt.

SYMBOL:	Ce
ORDNUNGSZAHL:	58
GRUPPE:	LANTHANOIDE
ELEMENTART:	METALL
ATOMGEWICHT:	140,12 u
ATOMRADIUS:	185 pm
SCHMELZTEMPERATUR:	798 °C
SIEDETEMPERATUR:	3443 °C
DICHTE:	6,77 g/cm³
OXIDATIONSZAHLEN:	III, IV
ELEKTRONEGATIVITÄT:	1,1
ERDKRUSTENHÄUFIGKEIT:	4x10⁻³ %
CAS-NUMMER:	7440-45-1

CER / CERIUM

ENTDECKUNG:

Cer wurde 1803 unabhängig voneinander von Jöns Jakob Berzelius und Wilhelm von Hisinger in Felsproben in Bastnas, Schweden, und dem Deutschen Martin Heinrich Klaproth in Berlin, entdeckt. Zum ersten Mal isoliert wurde es jedoch von W.F. Hillebrand und T.H. Norton in Washington, D.C., im Jahre 1875.

EIGENSCHAFTEN:

Cer ist ein reaktives, graues Metall. Es ist das häufigste Metall aus der Gruppe der Lanthanoide und damit häufiger als Silber. Cer

oxidiert an der Luft, entzündet sich, wenn es erhitzt wird und reagiert schnell mit Wasser zu Cerhydroxid und Wasserstoff. Aus diesen Gründen muss Cer in einer luftfreien Umgebung gelagert werden und Cerbrände dürfen nicht mit Wasser gelöscht werden.

VORKOMMEN:

Cer wird in erster Linie durch lösende Förderungsprozesse aus leichten Seltenerdmineralien wie Bastnäsit, Monazit, Allanit und Cerit erhalten. Allerdings wird es selten in Reinform verwendet, meistens kommt es als Mischmetall zum Einsatz.

VERWENDUNG:

Glas und Keramik: Cer wird zum Polieren von Glasoberflächen und als Enttrübungsmittel benutzt. In Kombination mit Titan gibt es Glas eine goldene Farbe, es wird in der Oberfläche von selbstreinigenden Öfen und in der Zahnkeramik verwendet.

Elektronik: In LEDs verwandelt mit Yttrium verbundenes Cer blaues Licht in weißes Licht.

Legierungen: Die Zugabe von Cer zu einigen Metalllegierungen verbessert ihre Hitzebeständigkeit ganz erheblich. In Eisen-Mischmetall-Legierungen wird es für Zündsteine und Feuerzeuge verwendet.

Katalysatoren: Ceroxid wird als Katalysator verwendet, um Kohlenmonoxid-Emissionen in Abgasen zu reduzieren. Cerzusätze zum Diesel ermöglichen eine sauberere Verbrennung.

Medizin: Cer wird als Zusatz in einigen antiemetischen (brechreizreduzierenden) Arzneimitteln verwendet, sowie als Kontrastmittel in der Kernresonanztomografie.

PRODUKTFORM:

Draht, Folie, Granulat, Pulver, Sputtertarget, Stab.

PRASEODYM

NAME:

Praseodym erhielt seinen Namen von den griechischen Wörtern „prasios" für Grün und „didymos" für Zwilling. Beim Trennen von Neodym wurde dieses zur gleichen Zeit mit „neo" als „neuer Zwilling" benannt.

SYMBOL:	**Pr**
ORDNUNGSZAHL:	**59**
GRUPPE:	**LANTHANOIDE**
ELEMENTART:	**METALL**
ATOMGEWICHT:	**140,91 u**
ATOMRADIUS:	**185 pm**
SCHMELZTEMPERATUR:	**931 °C**
SIEDETEMPERATUR:	**3520 °C**
DICHTE:	**6,77 g/cm³**
OXIDATIONSZAHLEN:	**III, IV**
ELEKTRONEGATIVITÄT:	**1,1**
ERDKRUSTENHÄUFIGKEIT:	**5x10⁻⁴ %**
CAS-NUMMER:	**7440-10-0**

PRASEODYM

ENTDECKUNG:

1885 löste der österreichische Chemiker Baron Carl Auer von Welsbach Didym in zwei Elemente: Praseodym und Neodym. Von Welsbach erwarb sich Verdienste als Entdecker der vier seltenen Elemente Neodym, Praseodym, Ytterbium und Lutetium, als Erfinder des Glühstrumpfs für Gaslicht, der Metallfadenlampe sowie des Zündsteins für Feuerzeuge.

EIGENSCHAFTEN:

Praseodym ist ein weiches, weißes, hämmerbares, paramagnetisches Metall und weist große Ähnlichkeit mit Neodym auf. Es reagiert langsam mit Saucrstoff und rasch mit Wasser. Praseodym entwickelt einen grünen Oxidüberzug, der an der Luft abblättert. Wegen seiner hohen Luftempfindlichkeit sollte Praseodym unter Schutzgasatmosphäre oder in Petroleum aufbewahrt werden.

VORKOMMEN:

Praseodym kommt in Cerit, Monazit und Bastnäsit vor. Als Reinmetall sind die Verwendungsmöglichkeiten für Praseodym beschränkt.

VERWENDUNG:

Legierung: Praseodym wird als Legierungszusatz verwendet, um Supermagnete und Feuersteine herzustellen. Als hochfeste Legierung mit Magnesium wird es in Flugzeugmotoren verwendet.

Glas und Keramik: Gemeinsam mit Neodym wird Praseodym bei der Produktion von gelbem Glas, Emaille und Zirkon eingesetzt, das zum Beispiel als Augenschutz beim Schweißen und in anderen UV-Schutzbrillen verwendet wird. In Lichtwellenleiter-Kabeln, die als Signalverstärker verwendet werden, ist es ein Dotiermittel.

PRODUKTFORM:

Draht, Folie, Granulat, Pulver, Sputtertarget, Stab.

NEODYM

NAME:

Neodym erhielt seinen Namen von den griechischen Wörtern „neo" für „neu" und „didymos" für „Zwilling", als es bei der Trennung von Praseodym entdeckt wurde.

SYMBOL:	**Nd**
ORDNUNGSZAHL:	**60**
GRUPPE:	**LANTHANOIDE**
ELEMENTART:	**METALL**
ATOMGEWICHT:	**144,24 u**
ATOMRADIUS:	**185 pm**
SCHMELZTEMPERATUR:	**1016 °C**
SIEDETEMPERATUR:	**3074 °C**
DICHTE:	**7,01 g/cm³**
OXIDATIONSZAHLEN:	**III**
ELEKTRONEGATIVITÄT:	**1,1**
ERDKRUSTENHÄUFIGKEIT:	**2x10⁻³ %**
CAS-NUMMER:	**7440-00-8**

NEODYM

ENTDECKUNG:

1885 trennte der österreichische Chemiker Baron Carl Auer von Welsbach Didym in die zwei Elemente Neodym und Praseodym, die jeweils Salze mit verschiedenen Farben bilden. Didym wurde 1841 von Carl Gustav Mosander aus Lanthanoxid extrahiert.

EIGENSCHAFTEN:

Neodym ist silbrig glänzend bis schwach gelblich. Es ist eins der reaktiveren Elemente der Lanthanoide. Es oxidiert rasch an der Luft, reagiert langsam mit kaltem und rasch mit heißem Wasser. Neodymsalze sind rotviolett beziehungsweise blau (Oxid).

VORKOMMEN:

Man findet Neodym in Orthit und Monazit, einem Mineral, das eine der wichtigsten Quellen Seltener Erden und von Thorium ist, sowie in den weiteren Ceriterden Allanit und Bastnäsit.

VERWENDUNG:

Legierung: Seltenerdmagnete: Neodym-Magnete (Nd2Fe14B) oder „Neo-Magnete" sind die stärksten bekannten Dauermagnete. Sie sind zwar zerbrechlich, aber dafür preiswerter, leichter und stärker als zum Beispiel Samarium-Kobalt-Magnete. Sie werden in Mikrofonen, Lautsprechern, Ohr-Knospen und Hörgeräten, Tonabnehmern für Gitarren, Computerfestplatten, Hybridautos, Industriemotoren, Klimaanlagen, Aufzügen, Industriewerkzeugen und Wind- sowie Gezeitengeneratoren verwendet. Wie alle Magnete verlieren Neo-Magnete ihre magnetische Kraft mit steigender Temperatur. Dank der Zufügung von Terbium oder Dysprosium können Hochtemperaturmagnete bis zu einer Temperatur von 200°C funktionieren. Die Produktion eines Seltenerdmagnets bis zu seinem Einbau in einem Umweltauto benötigt bis zu acht verschiedene Prozesse bei bis zu fünf verschiedenen Betrieben.

Glas: Neodym-Spezialglas ist für den Gebrauch in Kraftfahrzeugrückspiegeln patentiert worden, um Blendeffekte bei Dunkelheit zu reduzieren.

Geologie: Natürliche Neodym-Isotope werden zur Bestimmung der Herkunft von Magmen und zur Altersbestimmung von Felsen und Meteorsteinen verwendet. Neodym wird als Metall meist in Mischungen mit 15 bis 25 Prozent Praseodym unter dem Namen Didymmetall verwendet.

PRODUKTFORM:

Draht, Folie, Granulat, Pulver, Sputtertarget, Stab.

PROMETHIUM

NAME:

Promethium wurde nach Prometheus benannt, der in der griechischen Mythologie das Feuer der Sonne stahl, zur Erde brachte und so den Zorn der Götter erregte. Den Namen schlug die Frau des Mitentdeckers Coryell als Warnung vor dem dem nuklearen Wettrüsten vor.

SYMBOL:	**Pm**
ORDNUNGSZAHL:	**61**
GRUPPE:	**LANTHANOIDE**
ELEMENTART:	**METALL**
ATOMGEWICHT:	**144,92 u**
ATOMRADIUS:	**106 pm**
SCHMELZTEMPERATUR:	**931 °C**
SIEDETEMPERATUR:	**3000 °C**
DICHTE:	**7,26 g/cm³**
OXIDATIONSZAHLEN:	**III**
ELEKTRONEGATIVITÄT:	**1,1**
ERDKRUSTENHÄUFIGKEIT:	**1×10^{-19} %**
CAS-NUMMER:	**7440-12-2**

PROMETHIUM

ENTDECKUNG:

Die Existenz des Promethiums wurde 1902 vorausgesagt, aber der Beweis seiner Existenz wurde erst während der Analyse von Nebenprodukten der Uranspaltung erbracht: 1945 im Oak Ridge National Laboratory (Tennessee, USA) von Jacob A. Marinsky, Lawrence E. Glendenin und Charles D. Coryell.

EIGENSCHAFTEN:

Promethium ist ein radioaktives Element mit Halbwertszeiten zwischen 9,2 Sekunden und 17,7 Jahren. Es ist silberweiß glänzend.

VORKOMMEN:

Promethium kommt in Minerallagerstätten nur sehr selten vor und da es wirklich nur einen geringen Nutzen hat, wird es als Nebenprodukt der Uranspaltung gewonnen.

VERWENDUNG:

Energie: Promethium wird in atombetriebenen Batterien, sogenannten Radionuklidbatterien, verwendet. Durch den Zerfall des Promethiums ausgestrahlte Beta-Partikel lassen dabei Phosphor Licht abgeben, das dann durch eine Fotodiode in Elektrizität umgewandelt wird. Die Batterien haben eine circa fünfjährige Lebensdauer.

Promethium wird auch als thermoelektrischer Generator verwendet, um Elektrizität für Raumsonden und Satelliten zur Verfügung zu stellen.

Messinstrument: Die Betastrahlung des Promethiums wird für die radiometrische Dickemessung verwendet.

Beleuchtungsquellen: Promethiumchlorid ($PmCl_3$) mit Zinksulfid gemischt wurde einige Zeit als Hauptleuchtfarbe für Uhren, Kompasse und Instrumentenzifferblätter verwendet, nachdem Radium dafür nicht mehr verwendet wurde. Die Mischung wird noch gelegentlich für einige Leuchtfarbenanwendungen benutzt, obwohl viele dieser Anwendungen aus Sicherheitsgründen auf Tritium umgestellt wurden.

SAMARIUM

NAME:

Samarium wurde nach dem Mineral Samarskit benannt, das seinerseits nach dem russischen Bergbaubeamten Hauptmann V.E. Samarsky benannt worden war.

SAMARIUM		
SYMBOL:	Sm
ORDNUNGSZAHL:	62
GRUPPE:	LANTHANOIDE
ELEMENTART:	METALL
ATOMGEWICHT:	150,36 u
ATOMRADIUS:	185 pm
SCHMELZTEMPERATUR:	1072 °C
SIEDETEMPERATUR:	1794 °C
DICHTE:	7,52 g/cm³
OXIDATIONSZAHLEN:	III, II
ELEKTRONEGATIVITÄT:	1,1
ERDKRUSTENHÄUFIGKEIT:	6×10^{-4} %
CAS-NUMMER:	7440-19-9

ENTDECKUNG:

1853 beobachtete der Schweizer Chemiker Jean-Charles Galissard de Marignac spektroskopische Anzeichen für Samarium in einer Verbindung namens Didymoxid. Doch erst 1879 isolierte der französische Chemiker Paul Emile Lecoq de Boisbaudran Samarium aus dem Mineral Samarskit. Im Jahr 1903 stellte der deutsche Chemiker Wilhelm Muthmann das Metall Samarium durch Elektrolyse her.

EIGENSCHAFTEN:

Samarium hat einen hellen Silberglanz, ist an der Luft stabil, aber entzündet sich schon bei 150°C. Bei langfristiger Lagerung in Mineralöl oxidiert Samarium unter Bildung eines fahlgrau-gelben Pulvers.

VORKOMMEN:

Man findet Samarium in den Mineralien Allanit, Bastnäsit, Monazit, Zerit, Gadolinit und seinem Namensgeber Samarskit.

VERWENDUNG:

Magnete und Elektronik: $SmCo_5$- und Sm_2Co_{17}-Legierungen werden als Samarium-Kobalt-Permanentmagnete verwendet, die einen hohen Widerstand gegen Entmagnetisierung haben. Obwohl diese Magnete teuer sind, machen ihre hohen Arbeitstemperaturen sie unersetzlich, zum Beispiel in manchen Hybrid- und Elektroautos. Die Magnete werden in elektronischen Musikinstrumenten, in Kopfhörern und in Automobilzusätzen verwendet, wo es auf leichtes Gewicht, niedrigen Energieverbrauch und die physische Größe ankommt.

Medizin: Samarium-153, ein Radio-Isotop des Samariums, wird zur Behandlung von starken Schmerzen bei Knochenkrebs verwendet. Das Schmerzmittel heißt „Quadramet".

Sonstige Anwendungen: Samariumoxid wird optischem Glas zugesetzt, damit es infrarotes Licht absorbiert.

PRODUKTFORM:

Folie, Granulat, Pulver, Sputtertarget, Stab.

EUROPIUM

NAME:

Europium ist neben dem chemischen Element Americium das einzige Element, das nach einem Erdteil benannt wurde.

SYMBOL:	**Eu**
ORDNUNGSZAHL:	**63**
GRUPPE:	**LANTHANOIDE**
ELEMENTART:	**METALL**
ATOMGEWICHT:	**151,96 u**
ATOMRADIUS:	**185 pm**
SCHMELZTEMPERATUR:	**822 °C**
SIEDETEMPERATUR:	**1529 °C**
DICHTE:	**5,24 g/cm³**
OXIDATIONSZAHLEN:	**III, II**
ELEKTRONEGATIVITÄT:	**1**
ERDKRUSTENHÄUFIGKEIT:	**6×10^{-5} %**
CAS-NUMMER:	**7440-53-1**

ENTDECKUNG:

Der französische Chemiker Eugène-Anatole Demarçay vermutete 1896 in dem gerade entdeckten Samarskit ein weiteres Element. 1901 gelang ihm die Abtrennung des Europiums.

EIGENSCHAFTEN:

Das silberglänzende Europium ist formbar, hämmerbar und reagiert am raschesten von den Seltenerdmetallen mit Luft und Wasser. Es entzündet sich schon ab 150°C und verbrennt mit roter Flamme. Mit 5,24g/cm³ ist es das leichteste Schwermetall.

VORKOMMEN:

Europium ist eines der seltensten Seltenerdmetalle. Es kommt nur in Verbindungen wie Monazit und Bastnäsit vor.

VERWENDUNG:

Leuchtmassen: Europiumoxid (Eu_2O_3) wird als roter Leuchtstoff in Fernsehern und Leuchtstofflampen verwendet. Werden rote und blaue Europium-Leuchtmassen mit gelbgrünen Terbium-Leuchtmassen verbunden, ergeben sie weißes Licht.

Energie: Europium wird als Material für Steuerstäbe in Atomreaktoren genutzt, da es Neutronen absorbiert.

Medizin: Screening nach verschiedenen Krankheiten.

Weiterer Gebrauch: Europium wird in Spurenelementstudien in der Geochemie und Gesteinskunde verwendet, um die Entstehungsprozesse von Eruptivgesteinen zu verstehen, also von Gesteinen, die sich durch Lava oder Magma gebildet haben. Es wird auch als phosphoreszierender Stoff in Eurobanknoten verwendet, um Fälschungen zu entdecken.

PRODUKTFORM:

Draht, Folie, Pulver, Sputtertarget.

GADOLINIUM

NAME:

Gadolinium wurde nach dem Entdecker des Minerals Gadolinit benannt, dem finnischen Chemiker Johan Gadolin, der auch das Yttrium entdeckt hat.

SYMBOL:	Gd
ORDNUNGSZAHL:	64
GRUPPE:	LANTHANOIDE
ELEMENTART:	METALL
ATOMGEWICHT:	157,25 u
ATOMRADIUS:	180 pm
SCHMELZTEMPERATUR:	1312 °C
SIEDETEMPERATUR:	3272 °C
DICHTE:	7,90 g/cm³
OXIDATIONSZAHLEN:	III
ELEKTRONEGATIVITÄT:	1,1
ERDKRUSTENHÄUFIGKEIT:	6x10⁻⁴ %
CAS-NUMMER:	7440-54-2

GADOLINIUM

ENTDECKUNG:

Gadolinium wurde 1880 in Genf von Jean-Charles Galissard de Marignac in Didym und Gadolinit entdeckt und 1886 in Paris von Paul Emile Lecoq de Boisbaudran isoliert.

EIGENSCHAFTEN:

Gadolinium ist silberweiß, verformbar und schmiedbar. Auf seiner Oberfläche bildet sich an feuchter Luft eine lose klebende, abblätternde Oxidschicht. Es ist bei Raumtemperatur schwach, darunter stark magnetisch. Gadolinium ist das erste Element der Yttererden.

VORKOMMEN:

Gadolinium kommt in den Mineralien Monazit und Bastnäsit vor. Das Gadolinitvorkommen in der Grube Ytterby, nördlich von Stockholm, ist heute erschöpft.

VERWENDUNG:

Materialien und Elektronik: Gadolinium wird zur Herstellung von Gadolinium-Yttrium-Granat für Mikrowellen verwendet. Gadoliniumverbindungen werden zur Herstellung von grünem Leuchtstoff für Radarbildschirme verwendet. Es wird auch in wiederbeschreibbaren CDs und Computerspeichern benutzt. Zukünftig könnte es dank seiner magnetischen Eigenschaften in Wärme-/Kältefühlern von Kühlgeräten eingesetzt werden, die dann ohne FCKW auskommen würden, da es einen Curie-Punkt nahe Zimmertemperatur besitzt.

Medizin: Lösungen von organischen Gadolinium-Komplexen dienen als Kontrastmittel bei der Magnetresonanztomografie (MRT) und zur besseren Bildwiedergabe bei Röntgenuntersuchungen. Cer-Gadoliniumoxyorthosilikat ist ein Monokristall, der als Szintillator in der medizinischen Bildaufbereitung zum Beispiel bei der Positronen-Emissionstomografie (PET) eingesetzt wird.
Spezialglas: Gadolinium-Gallium-Granat ($Gd_3Ga_5O_{12}$) wird in der Herstellung von verschiedenen optischen Bestandteilen und als Substratmaterial für magnetooptisch aktive Filme verwendet. Energie: Gadolinium wird in nuklearen Schiffsantriebssystemen als Nuklearbrennstoff und insbesondere in CANDU-Reaktoren als sekundäre Notmaßnahme zum Herunterfahren verwendet.

PRODUKTFORM:

Draht, Folie, Ganulat, Pulver, Sputtertarget, Stab.

TERBIUM

NAME:

Terbium ist ebenso wie Yttrium, Ytterbium und Erbium nach dem ersten Fundort, der Grube Ytterby bei Stockholm, benannt.

SYMBOL:	Tb
ORDNUNGSZAHL:	65
GRUPPE:	LANTHANOIDE
ELEMENTART:	METALL
ATOMGEWICHT:	158,93 u
ATOMRADIUS:	175 pm
SCHMELZTEMPERATUR:	1357 °C
SIEDETEMPERATUR:	3230 °C
DICHTE:	7,23 g/cm³
OXIDATIONSZAHLEN:	III, IV
ELEKTRONEGATIVITÄT:	1,1
ERDKRUSTENHÄUFIGKEIT:	9x10⁻⁵ %
CAS-NUMMER:	7440-27-9

TERBIUM

ENTDECKUNG:

Terbium wurde 1843 in Stockholm von Carl Gustav Mosander entdeckt.

EIGENSCHAFTEN:

Terbium ist ein silbergraues, weiches, verform- und schmiedbares Metall. In Luft ist Terbium relativ beständig. In der Flamme verbrennt es zu braunem Terbiumoxid.

VORKOMMEN:

Terbium kommt überwiegend als Begleiter des Yttriums in Xenotim sowie in komplexen Seltenerdmineralien wie Euxenit,

Gadolinit, Monazit und Cerit vor. Technisch wird Terbium aus Monazitsand gewonnen.

VERWENDUNG:

Energie und Elektronik: Terbiumoxid wird in grünen Leuchtstoffen für Leuchtstofflampen und Farbfernseher verwendet. Die größte weltweite Verwendung von Terbium ist die Neonbeleuchtung nach dem trichromatischen System. Sie produziert ein hartes weißes Licht mit einem viel höheren Lichtausstoß bei gleicher Energiemenge als bei herkömmlicher Neonbeleuchtung. Zusammen mit Zirconiumdioxid ist Terbium auch ein Kristallstabilisator in Hochtemperatur-Kraftstoffzellen. Natriumterbiumborate dienen als Lasermaterial.

Legierungen: Terbiumlegierungen werden in Halbleitern verwendet. Terbium ist ein Bestandteil von Terfenol-D (Terbium-Dysprosium und Eisen), einer Legierung, die sich in Gegenwart von magnetischen Feldern ausdehnt oder hochgradig zusammenzieht. Dieses Material wird in Auslösern, Sensoren und anderen magnettechnischen Geräten verwendet.

PRODUKTFORM:
Draht, Folie, Granulat, Pulver, Sputtertarget, Stab.

DYSPROSIUM

NAME:

Dysprosium leitet seinen Namen vom griechischen „dysprositos", „schwer zu bekommen" ab. Aufgrund seiner Knappheit und seines Preises gilt dies noch heute.

SYMBOL:	**Dy**
ORDNUNGSZAHL:	**66**
GRUPPE:	**LANTHANOIDE**
ELEMENTART:	**METALL**
ATOMGEWICHT:	**162,5 u**
ATOMRADIUS:	**175 pm**
SCHMELZTEMPERATUR:	**1407 °C**
SIEDETEMPERATUR:	**2567 °C**
DICHTE:	**8,55 g/cm³**
OXIDATIONSZAHLEN:	**III**
ELEKTRONEGATIVITÄT:	**1,1**
ERDKRUSTENHÄUFIGKEIT:	**4x10⁻⁴ %**
CAS-NUMMER:	**7429-91-6**

DYSPROSIUM

ENTDECKUNG:

Im Jahr 1886 in Paris von dem französischen Chemiker Paul Emile Lecoq de Boisbaudran durch Isolation aus einer Probe Holmiumoxid entdeckt.

EIGENSCHAFTEN:

Dysprosium hat einen hellen Silberglanz, ist an der Luft relativ stabil, reagiert heftig mit Wasser und löst sich in Säure auf. Es kann maschinell bearbeitet werden, ohne Funken zu sprühen, wenn Überhitzung vermieden wird. Dysprosium hat besonders bei niedrigen Temperaturen eine der höchsten magnetischen Kräfte der Seltenerdmetalle.

VORKOMMEN:
Dysprosium wird allgemein in kleinen Anteilen in Mineralien wie Xenotim, Monazit und Bastnäsit gefunden.

VERWENDUNG:
Magnete – Elektromotoren: Neo-Magnete können bis zu 6 Prozent Dysprosium enthalten. Dies steigert bei anspruchsvollen Anwendungen wie Laufwerkmotoren und Motoren für Hybridfahrzeuge die Sättigungskoerzitivkraft und die Leistung. Die Dysprosiumzugabe dient auch dazu, den Korrosionswiderstand der Magnete zu verbessern. Pro Hybridfahrzeug werden bis zu 100 Gramm Dysprosium benötigt.

Magnete – Elektronik: Dysprosium wird in verschiedenen Datenspeicherungsanwendungen wie zum Beispiel in CDs verwendet. Es ist zusammen mit Eisen und Terbium auch einer der Bestandteile von „Terfenol-D", des Materials mit der höchste Magnetostriktion bei Zimmertemperatur. Diese Eigenschaft wird in Wandlern, mechanischen Breitbandresonatoren und Flüssigkeiten für Hochpräzisionsinjektoren genutzt.

Energie: Wegen seines hohen thermischen Neutronenabsorptionsquerschnitts wird Dysprosium in Kontrollstäben für Kernreaktoren verwendet. Dysprosium wird auch in Dosimetern für die Messung ionisierender Strahlung benutzt.

Chemikalien: Dysprosium-Cadmium-Chalkogenid dient als Infrarotquelle für chemische Untersuchungen.

Spezialglas: Dysprosium wird in Lasermaterialien verwendet.

PRODUKTFORM:
Draht, Folie, Granulat, Pulver, Sputtertarget, Stab.

HOLMIUM

NAME:

Holmium wurde nach Stockholm (lat. Holmia) benannt, dem Geburtsort von Per Teodor Cleve.

SYMBOL:	**Ho**
ORDNUNGSZAHL:	**67**
GRUPPE:	**LANTHANOIDE**
ELEMENTART:	**METALL**
ATOMGEWICHT:	**164,93 u**
ATOMRADIUS:	**175 pm**
SCHMELZTEMPERATUR:	**1467 °C**
SIEDETEMPERATUR:	**2720 °C**
DICHTE:	**8,8 g/cm³**
OXIDATIONSZAHLEN:	**III**
ELEKTONEGATIVITÄT:	**1,1**
ERDKRUSTENHÄUFIGKEIT:	**1x10⁻⁴ %**
CAS-NUMMER:	**7440-60-0**

HOLMIUM

ENTDECKUNG:

1878 wurde Holmium spektralanalytisch in Genf von Marc Abraham Delafontaine und Jacques Louis Soret nachgewiesen. Unabhängig davon wurde es 1879 im schwedischen Uppsala von Per Teodor Cleve in den Yttererden entdeckt. Er isolierte es als gelbes Oxid aus Erbium. Als Rest bekam er zwei Oxide, braunes Holmia und grünes Thulia.

EIGENSCHAFTEN:

Holmium ist weich und verformbar und wird von Sauerstoff und Wasser langsam angegriffen. Es ist in Säuren löslich. Holmium hat hervorragende magnetische Eigenschaften.

VORKOMMEN:

Holmium kommt hauptsächlich in Gadolinit und Monazit vor.

VERWENDUNG:

Glas und Keramik: Holmium wird als gelber und roter Glasfarbstoff verwendet. Es wird auch als sogenannter dichritischer Farbstoff für Zirkon in Schmuckstücken verwendet: Je nach Lichteinfall erscheint er pfirsichfarben oder gelb.

Magnete: Holmium hat eines der höchsten bekannten magnetischen Momente. Es wird in Polschuhen verwendet, um die stärksten künstlichen magnetischen Felder zu erzeugen.

Elektronik und Medizin: Holmium wird mit Yttrium-Eisen-Granat (YIG) und Lanthan-Fluorid in Yttrium-(YLF)-Halbleiterlasern verwendet, die in für das Auge unschädlicher Mikrowellenausrüstung und in der Zahntechnologie eingesetzt werden. Holmiumhaltiges Glas wird als Kalibrierungsstandard für Spektrofotometer verwendet.

Energie: Holmium wird in Steuerstäben für Kernreaktoren verwendet, weil es die bei der Kernspaltung freiwerdenden Neutronen absorbieren kann.

PRODUKTFORM:

Draht, Folie, Granulat, Pulver, Stab.

ERBIUM

NAME:
Erbium wurde nach dem ersten Fundort, der Grube Ytterby bei -
Stockholm, benannt, wie auch Yttrium, Ytterbium und Terbium.

SYMBOL:	**Er**
ORDNUNGSZAHL:	**68**
GRUPPE:	**LANTHANOIDE**
ELEMENTART:	**METALL**
ATOMGEWICHT:	**167,26 u**
ATOMRADIUS:	**175 pm**
SCHMELZTEMPERATUR:	**1522 °C**
SIEDETEMPERATUR:	**3230 °C**
DICHTE:	**9,01 g/cm³**
OXIDATIONSZAHLEN:	**III**
ELEKTRONEGATIVITÄT:	**1,1**
ERDKRUSTENHÄUFIGKEIT:	**2×10^{-4} %**
CAS-NUMMER:	**7440-52-0**

ERBIUM

ENTDECKUNG:
1843 im schwedischen Stockholm von Carl Gustav Mosander
bei der Aufspaltung von Gadolinit entdeckt.

EIGENSCHAFTEN:
Erbium ist ein helles, silberweißes, glänzendes Metall mit hohem
elektrischen Widerstand. An der Luft läuft es langsam grau an, es
reagiert langsam mit Wasser und wird von Säure zersetzt.

VORKOMMEN:
Es wird in kleinen Mengen in den Mineralien Gadolinit, Fergu-
sonit und Xenotim gefunden.

VERWENDUNG:

Keramik und Spezialglas: Erbium wird als Dotiermittel in optischen Glasfasern verwendet, um Lichtsignale zu verstärken, ohne sie zuvor in ein elektrisches Signal zu verwandeln (Erbium-lackierte Faserverstärker oder EDFAs). Dieselben Fasern werden für Laser verwendet. Das Co-Doping der optischen Fasern mit Er und Yb ersetzt allmählich CO_2-Laser für Metall-Schweiß- und Schneidanwendungen. Auf Erbium basierende Salze sind rosa und das Element hat charakteristische, scharfe Absorptionsspektrum-Bänder im sichtbaren, ultravioletten und fast infraroten Bereich. Erbium wird manchmal als Farbstoff für Glas und Porzellan sowie zur Rosafärbung von Zirkon verwendet. Solches Glas wird häufig in Sonnenbrillen und weniger teuren Schmuckstücken verwendet.

Materialien: Erbium senkt die Härte und verbessert die Brauchbarkeit in Vanadiumlegierungen. Eine Erbium-Nickel-Legierung (Er-3Ni) hat eine ungewöhnlich hohe spezifische Hitzekapazität bei Temperaturen, bei denen Helium flüssig ist, und wird in Kryokühlern verwendet. Sie wird auch als fotografischer Filter verwendet.

Medizin: Erbium wird vielfältig in der Dermatologie und der Zahnheilkunde eingesetzt. Es wird in Yttrium-Aluminium-Granat-(YAG)-Laserkristallen für kosmetische Verfahren, für milde bis mittlere tiefe Hautabtragungen und zum Abtragen von Zahnschmelz benutzt.

Energie: Erbium wird in der Kerntechnik in Neutronen absorbierenden Kontrollstäben verwendet.

PRODUKTFORM:
Draht, Folie, Granulat, Pulver, Sputtertarget, Stab.

THULIUM

NAME:
Thulium wurde nach „Thule" benannt, einer alten Bezeichnung für „Nordland", eine mystische Insel am Rande der Welt.

SYMBOL:	Tm
ORDNUNGSZAHL:	69
GRUPPE:	LANTHANOIDE
ELEMENTART:	METALL
ATOMGEWICHT:	168,9 u
ATOMRADIUS:	175 pm
SCHMELZTEMPERATUR:	1545 °C
SIEDETEMPERATUR	1950 °C
DICHTE:	9,32 g/cm³
OXIDATIONSZAHLEN:	III, II
ELEKTRONEGATIVITÄT:	1,1
ERDKRUSTENHÄUFIGKEIT:	2x10⁻⁵ %
CAS-NUMMER:	7440-30-4

THULIUM

ENTDECKUNG:
Im Jahr 1879 wurde es von dem schwedischen Chemiker Per Teodor Cleve zusammen mit Holmium in Erbia (Erbiumoxid) in den Yttererden entdeckt.

EIGENSCHAFTEN:
Reines, metallisches Thulium hat einen hellen, silberfarbenen Glanz. Es ist weich, verformbar, hämmerbar und an trockener Luft recht beständig, an feuchter Luft läuft es grau an.

VORKOMMEN:

Es ist in Gadolinit zu 0,25 Prozent und in Monazit zu weniger als 0,01 Prozent enthalten. Es ist das seltenste der stabilen Seltenerdmetalle.

VERWENDUNG:

Opto-Elektronik und Elektronik: Wegen seiner Knappheit und seiner hohen Kosten hat Thulium nicht viele praktische Anwendungen. Es wurde früher für Laserlicht verwendet, allerdings waren die Produktionskosten für den kommerziellen Gebrauch zu hoch. Thulium wird ähnlich wie Yttrium in Hochtemperatursupraleitern verwendet. Es wird auch in Ferriten benutzt. Das sind keramische Magnete, die in Mikrowellenanlagen verwendet werden.

Medizin: Tragbare Röntgengeräte nutzen Thulium-Isotope, die früher in Kernreaktoren als Strahlenquellen eingesetzt wurden. Sie haben sich als stromunabhängige Strahlenquelle in der Medizin- und Zahntechnik bewährt.

PRODUKTFORM:

Draht, Folie, Granulat, Sputtertarget, Stab.

YTTERBIUM

NAME:
Ytterbium wurde nach dem ersten Fundort, der Grube Ytterby bei Stockholm, benannt, wie auch Erbium, Terbium und Yttrium.

SYMBOL:	**Yb**
ORDNUNGSZAHL:	**70**
GRUPPE:	**LANTHANOIDE**
ELEMENTART:	**METALL**
ATOMGEWICHT:	**173,05 u**
ATOMRADIUS:	**175 pm**
SCHMELZTEMPERATUR:	**824 °C**
SIEDETEMPERATUR:	**1196 °C**
DICHTE:	**6,97 g/cm³**
OXIDATIONSZAHLEN:	**III, II**
ELEKTRONEGATIVITÄT:	**1,1**
ERDKRUSTENHÄUFIGKEIT:	**3x10⁻⁴ %**
CAS-NUMMER:	**7440-64-4**

YTTERBIUM

ENTDECKUNG:
Ytterbium wurde 1878 von dem Schweizer Chemiker Jean-Charles Gallissard de Marignac entdeckt. Marignac fand in Erbia einen neuen Bestandteil und nannte ihn Ytterbia. Er vermutete in der von ihm isolierten Verbindung ein weiteres Element, das er Ytterbium nannte.

EIGENSCHAFTEN:
Ytterbium ist ein weiches, silbrig-weißes Metall, verformbar und ziemlich hämmerbar. In trockener Luft läuft Ytterbium grau an.

VORKOMMEN:
Ytterbium kommt in geringer Konzentration in Monazit, Euxenit und Xenotim vor.

VERWENDUNG:
Legierung: Ytterbium wird zur Kornfeinung und zur Verbesserung der Festigkeit und anderer mechanischer Eigenschaften von rostfreiem Stahl verwendet. Einige Ytterbium-Legierungen werden in der Zahnheilkunde benutzt.

Glas und Keramik: Ytterbium wird häufig als Dotierstoff für hochleistungsfähige Halbleiterlaser mit abstimmbarer Wellenlänge verwendet. Gewöhnlich werden nur niedrige Konzentrationen von Ytterbium eingesetzt, da bei hohen Impulsraten die Ytterbium-lackierten Glasfasermaterialien Photodarkening aufweisen. Ytterbium wird auch in optischen Gläsern, Kristallen und in der Keramik verwendet.

Energie: Ytterbium wird in Solarzellen benutzt, um Infrarotenergie in Elektrizität umzuwandeln.

Medizin: Kleine Anteile von Yb-169, einem Isotop von Ytterbium, das Gammastrahlung aussendet, werden als Strahlenquelle für tragbare, stromunabhängige Röntgenapparate eingesetzt.

PRODUKTFORM:
Draht, Folie, Granulat, Sputtertarget, Stab.

LUTETIUM

NAME:

Lutetium (lateinisch: Lutetia; früher auch: Cassiopeium, Cp).
Auf Vorschlag von George Urbain erhielt es den Namen „Lutetia",
den alten lateinischen Namen seiner Heimatstadt Paris. Die IUPAC
empfahl 1949, die Bezeichnung „Lutetium" allgemein einzuführen.

SYMBOL:	**Lu**
ORDNUNGSZAHL:	**71**
GRUPPE:	**LANTHANOIDE**
ELEMENTART:	**METALL**
ATOMGEWICHT:	**174,97 u**
ATOMRADIUS:	**175 pm**
SCHMELZTEMPERATUR:	**1663 °C**
SIEDETEMPERATUR:	**3402 °C**
DICHTE:	**9,84 g/cm³**
OXIDATIONSZAHLEN:	**III**
ELEKTRONEGATIVITÄT:	**1,1**
ERDKRUSTENHÄUFIGKEIT:	**7×10^{-5} %**
CAS-NUMMER:	**7439-94-3**

ENTDECKUNG:

Im Jahr 1907 zeigte der österreichische Chemiker Carl Auer von
Welsbach, dass die Ytterbiumerde aus zwei Erden besteht. Die Elemente nannte er Aldebaranium (= Ytterbium) und Cassiopeium (= Lutetium). Im gleichen Jahr zerlegte auch der französische Chemiker Geor-
ges Urbain die Ytterbiumerde und nannte die beiden Elemente Neo-
Ytterbium (Yb) und Lutetium (Lu). Unabhängig von Auer von Welsbach und Urbain hatte auch Charles James, Professor in New
Hampshire/USA, bereits eine größere Menge eines Lutetiumpräparats
hergestellt, als die Entdeckung des Lutetiums gemeldet wurde.

EIGENSCHAFTEN:

Das silbrig-weiße Lutetium ist das dichteste, härteste und seltenste Element der Lanthanoide und hat den höchsten Schmelzpunkt. Bei Kontakt mit Luft läuft es schnell an. Bei Kontakt mit Wasser reagiert es heftig unter Freisetzung von Wasserstoff. In Pulverform ist es leicht entzündlich.

VORKOMMEN:

In der Natur kommt Lutetium nur als Verbindung in einigen selteneren Mineralien vor, zum Beispiel Gadolinit und Ytterspat. Es ist nur schwer zu isolieren. Trotz des seltenen Vorkommens ist es wie alle Seltenen Erden häufiger als die Elemente Quecksilber, Bismut und Silber.

VERWENDUNG:

Elektronik: Kleine Mengen Lutetium werden in Magnetblasenspeichern für Computer verwendet.

Medizin: Mit Cer dotiertes Lutetiumoxyorthosilicat, bekannt als LSO, wird hauptsächlich in der Positronen-Emissions-Tomografie verwendet. In der Forschung wird es als gezielte Strahlentherapie für neue Krebsbehandlungen untersucht.

Energie: Lutetium wird als Katalysator in der Erdölraffinierung, in der Hydrierung und in Polymerisierungsprozessen sowie in organischen Leuchtdioden (OLEDs) benutzt.

PRODUKTFORM:

Folie, Granulat, Pulver.

DIE WICHTIGSTEN ELEMENTE

Wie Sie am Beginn des Kapitel erfahren haben, umfasst die Gruppe der Seltenen Erden insgesamt 17 Elemente. Doch nicht alle Elemente werden auch wirklich stark benötigt und stehen damit vor einem Angebotsengpass.

Drei Elemente stehen speziell im Fokus:

NEODYM:

Für die Seltenen-Erden-Explorer ist Neodym die wichtigste treibende Kraft, denn für dieses Element gibt es einige Massenanwendungen. Das wichtigste Einsatzgebiet sind dabei ohne Frage die Neodym-Eisen-Bor-Magnete (Ne-Fe-B-Magnete). Diese leistungsfähigen Magnete werden in vielen Bereichen eingesetzt. Dazu gehören die Elektromotoren von Hybridfahrzeugen ebenso wie die Generatoren von Windturbinen.

Schon jetzt legen zahlreiche Prognosen nahe, dass das begrenzte Angebot die stark wachsende Nachfrage wohl kaum decken kann. Viele Experten erwarten den größten Engpass in der sicheren Versorgung von Windkraftanlagen. Dort stehen zahlreiche Projekte im Offshore-Bereich in den Startlöchern. Diese Anlagen auf offener See können mit sehr viel größeren Rotoren betrieben werden als auf dem Land. Daher sind auch die Leistung der Anlagen und die Anforderungen an die Generatoren höher. Auf Sicht der nächsten fünf Jahre könnte es zu einem dramatischen Preisanstieg kommen.

TERBIUM:

Dieses Element wird nur in sehr kleinen Mengen gefördert und eingesetzt. Bis 2015 erwarten Experten hier einen Anstieg der Nachfrage auf bis zu 480 Tonnen. Das hört sich nicht viel an. Aber in den nächsten Jahren werden auch nur wenige neue Produktionsstätten starten. Zudem ist China schon jetzt bestrebt, den Export von Terbium einzuschränken, das zu den schweren Seltenen Erden gehört. Terbium ist bei den Firmen, die auf den Markt für Seltene Erden drängen, heiß begehrt.

Terbium wird zusammen mit Zirkoniumdioxid eingesetzt. Dabei wird es als Kristall-Stabilisator in Brennstoffzellen verwendet. Zudem findet sich Terbium in Energiesparlampen. In der Rüstungsindustrie kommt das Element in Sonarsystemen und Sensoren zum Einsatz.

DYSPROSIUM:

Dysprosium ist ein entscheidender Bestandteil von besonders starken Dauermagneten, die beispielsweise in Hybridfahrzeugen zum Einsatz kommen. Im Gegensatz zu anderen Werkstoffen gibt es für Dysprosium noch keinen Ersatz. Wenn also die Versorgung nicht sichergestellt ist, können Produkte wie die erwähnten Hochleistungs-Dauermagnete nicht hergestellt werden. Daher kommt Dysprosium eine strategische Bedeutung zu.

Vor allem für japanische Hightech-Konzerne und Autohersteller wie Toyota ist Dysprosium sehr wichtig, weil sich damit leistungsfähigere Versionen vieler mikroelektronischer Bauteile herstellen lassen. Momentan ist Japan noch komplett von chinesischen Importen abhängig. Es liegt auf der Hand, dass sich japanische Unternehmen schon sehr bald nach alternativen Quellen außerhalb von China umsehen werden. Dabei wird es auch darum gehen, komplette Projekte zu übernehmen und dadurch die langfristige Lieferung zu garantieren.

KAPITEL

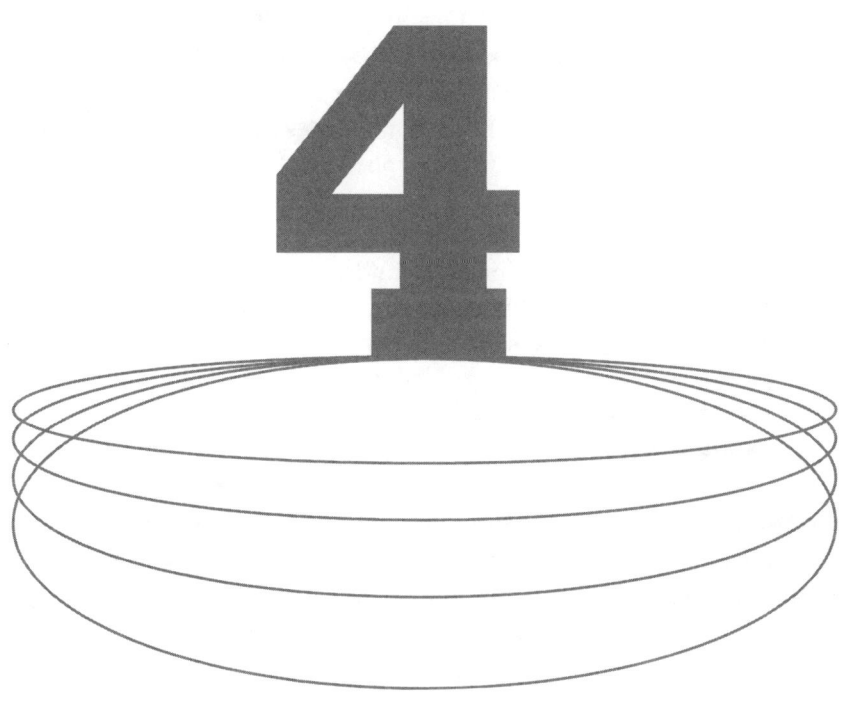

4

DIE VERWANDTEN DER SELTENEN ERDEN

Neben den Seltenen Erden gibt es noch weitere Spezialmetalle, die derzeit im Fokus der Märkte stehen und bei denen es in den nächsten Jahren einen deutlichen Preissprung geben könnte.

TANTAL

Tantal ist ein chemisches Element, das nach der griechischen Sagengestalt Tantalos, einem Sohn des Zeus, benannt wurde. Es befindet sich in der fünften Nebengruppe des Periodensystems, hat das chemische Symbol Ta und die Ordnungszahl 73. Sehr interessant ist der sehr hohe Schmelzpunkt von 3.017 Grad Celsius. Es gehört zu den selteneren Elementen und steht in der Häufigkeit aller Elemente auf Platz 41. In der Natur kommt Tantal immer zusammen mit Niob vor, und zwar in Form von isomorphen Niobaten und Tantalaten (Niobit, Tantalit) in dem Mineral Columbit, aus dem es mittels Aufschließung herausgetrennt werden kann.

Es gehört zu den Spezialmetallen und besitzt die höchste bekannte elektrische Kapazität. Dahinter verbirgt sich die Fähigkeit, Elektrizität zu speichern und wieder abzugeben.

Tantal ist daher ein gefragtes Material in der Elektroindustrie, etwa für Mobiltelefone, Computer, Datenspeicher, Flachbildschirme und Digitalkameras.

Darüber hinaus gibt es Anwendungen in der Luft- und Raumfahrtindustrie, etwa beim Bau von Düsentriebwerken. Aber auch in der Medizin wird Tantal eingesetzt, und zwar in sogenannten trabekulären Metallimplantaten. Weitere Einsatzgebiete sind Hartmetall-Schneidewerkzeuge sowie korrosions- und hitzebeständige Baustoffe.

Aufgrund der Ausweitung von Hightech-Anwendungen wird die Nachfrage in den nächsten Jahren deutlich steigen. Marktexperten erwarten den Einsatz von Tantal in folgenden Anwendungen: Hochleistungsglühbirnen, industrielle Transportkontrollsysteme, Radarantennen, Implantate wie Schrittmacher, Defibrillatoren, Lithiumbatterien und Windturbinen.

Laut aktuellen Prognosen des U.S. Geological Survey wird der Bedarf in den nächsten 20 Jahren um das Vierfache steigen. Dazu sind beachtliche Produktionsmengen erforderlich, die nur von neuen

Anbietern geliefert werden können. Der Preis wird nicht wie bei den Industriemetallen über einen Terminmarkt gebildet. Vielmehr gibt es lang laufende Verträge zwischen den Minenbetreibern und den Abnehmern. Zur Verdeutlichung der Preisentwicklung dient folgendes Beispiel aus dem Herbst 2010: Ningxia Non Ferrous Metals aus China kaufte bei dem brasilianischen Produzenten CI Fluminense 91 Tonnen Tantalkonzentrat mit einem Aufschlag von 30 Prozent auf den bestehenden Tantalpreis. Das Konzentrat kostet derzeit auf dem Weltmarkt rund 80 US-Dollar pro Pfund. Das höherwertige Tantaloxid bringt es sogar auf Preise zwischen 140 und 200 US-Dollar pro Pfund.

Schon jetzt ist aber absehbar, dass die bestehenden großen Quellen in einigen Jahren nicht mehr ausreichen, um den ständig steigenden Bedarf auch wirklich zu decken. 2008 lag die globale Produktion bei rund 4,3 Millionen Pfund Tantal. Der Bedarf lag aber schon bei rund 6 Millionen Pfund. Die schon jetzt bestehende Lücke konnte jedoch durch Lagerbestände, Zinnschlacken und Altmetall ausgeglichen werden.

Derzeit sind in der Versorgungskette drei Entwicklungen auszumachen, die das Versorgungsproblem mit Tantal noch verschärfen:

1. **Ausfall der führenden Versorgungsquelle:** Im November 2008 stellte Tallison Minerals die Produktion der Wodgina-Mine ein. Diese war bis zu diesem Zeitpunkt mit einem Weltmarktanteil von rund 30 Prozent einer der wichtigsten Lieferanten. Die deutlich erhöhten Produktionskosten machten aber den rentablen Betrieb der Mine unmöglich.
2. **Ausgeschöpfte Lagerbestände:** Die United States Defense Logistics Agency (USDLA), die zwischen 2001 und 2007 der zweitgrößte Erzlieferant war, hat ihre Vorräte aufgebraucht und daraufhin die Verkäufe eingestellt.
3. **Restriktionen für Rohstoffimporte aus Konfliktregionen:** Im Sommer 2010 trat in den Vereinigten Staaten das Gesetz zur Finanzreform in Kraft. In dieser umfangreichen Reform

gibt es auch einen Abschnitt über Konfliktrohstoffe. Hierin wird von allen in den Vereinigten Staaten börsennotierten Unternehmen verlangt, einen jährlichen Bericht bei der US-Börsenaufsicht (SEC) einzureichen. Darin müssen die Unternehmen unter anderem erklären, dass sie kein Tantal aus Konfliktregionen beziehen.

Die Konsequenz aus diesen drei Entwicklungen liegt auf der Hand: „In einem ohnehin engen Markt fällt ein großer Anteil der Versorgung weg", sagt dazu auch Tamara Faust vom kanadischen Tantal-Explorer Commerce Resources.

NIOB

Niob ist ein chemisches Element, das nach Niobe, der Tochter des Tantalus benannt wurde. Damit kommt schon im Namen die enge Verbindung zum Tantal zum Ausdruck, denn diese beiden chemischen Elemente kommen in der Natur immer gemeinsam vor. Auch Niob ist ein Element aus der fünften Nebengruppe des Periodensystems . Das chemische Symbol ist Nb. Das sehr harte Metall hat einen Schmelzpunkt von 2.477 Grad Celsius und ist zudem gegen die meisten Säuren resistent. In der Häufigkeit der chemischen Elemente steht es an 34. Stelle. Das Haupteinsatzgebiet von Niob sind sogenannte Superlegierungen (Stichwort „Superstahl"), die in Stahlkonstruktionen für Brücken und Hochhäuser Verwendung finden. Aufgrund seiner positiven Eigenschaften ist Niob ein sehr wichtiges Metall für die Industrie. So besitzt Standardstahl eine Zugfestigkeit von 40.000 PSI (Pounds per Square Inch). Fügt man der Stahllegierung nur zwei Prozent Niob hinzu, erhöht sich die Zugfestigkeit auf 120.000 PSI.

Die Niobec-Mine von IAMGold in Quebec arbeitet sehr profitabel. Das ist einer von lediglich drei Hauptproduzenten von Niob weltweit. Trotz der Finanzkrise sackte die Niob-Produktion 2009 nur geringfügig ab. Nach Zahlen aus dem USGS Mineral Commodities Yearbook 2010 lag die Weltproduktion 2009 bei 62.000 Tonnen, nach 62.900 Tonnen im Jahr zuvor. In den Vereinigten Staaten, einem sehr großen Verbraucher von Niob, gab es überhaupt keine Produktion.

Brasilien war mit 57.000 Tonnen der mit weitem Abstand größte Produzent auf dem Weltmarkt. Das entspricht einem riesigen Marktanteil von fast 92 Prozent. Danach folgt Kanada mit einer Produktionsmenge von 4.300 Tonnen.

LITHIUM

Aufgrund der weiter steigenden Bedeutung von Elektrofahrzeugen rückt auch Lithium immer stärker in den Fokus. Dieser Rohstoff wird besonders für Batterien benötigt. Die steigende Bedeutung von Lithium ist an der Preisentwicklung der vergangenen Jahre abzulesen.

BASISWISSEN LITHIUM

In der Erdkruste kommt Lithium mit einem geschätzen Gehalt zwischen 20 und 60 ppm vor. Es ist in vielen Gesteinen und Lösungen nachweisbar. Dabei sind die Konzentrationen in den meisten Fällen sehr gering. Hauptsächlich wird Lithium in Minen oder Salzseen aus Mineralen oder Sole gewonnen. Die größten Vorkommen gibt es in Salzseen in Bolivien. Größter Produzent ist derzeit aber Chile, gefolgt von Argentinien. Dort wird auch die nächste Produktion starten, die derzeit von Orocobre aufgebaut wird. Der führende Hersteller in Chile ist SQM.

NUTZUNG VON LITHIUM

Die größte Fantasie ergibt sich bei Lithium ganz klar aus der Verwendung für Batterien. Aber das Element ist vielseitig einsetzbar. So ist der größte Sektor immer noch die Glas- und Keramikproduktion. In Sekundärbatterien, vereinfacht auch Akkus genannt, fungiert Lithium als Kathode und Leitsalz. Beim Flugzeugbau wird Lithium in Aluminiumlegierungen eingesetzt. Aber neben diesen offensichtlichen Anwendungen sorgt Lithium auch für positive Wirkungen in Arzneimitteln für die Behandlung von Depressionen.

Wie bei vielen anderen Rohstoffen legt die Nachfrage nach Lithium stetig zu. Laut Schätzung der Marktexperten von Roskill lag die jährliche Steigerung von 2000 bis 2008 bei sechs Prozent. Der größte Anstieg ergab sich in diesem Zeitraum ganz klar im Batterien-Bereich. Das Wachstum betrug im Zeitraum 2000 bis 2008 rund 22 Prozent. Zum Vergleich: Für den größten Sektor Glas- und Keramikproduktion fiel der Zuwachs mit nur knapp drei Prozent sehr viel geringer aus.

Derzeit liegt die jährliche Nachfrage bei rund 120.000 Tonnen Lithiumcarbonat. Dank der nach der Finanzkrise wiedererstarkten Weltwirtschaft ist in den kommenden Jahren mit einem deutlichen Anstieg der Nachfrage zu rechnen. Byron Capital erwartet einen möglichen Zuwachs bis 2014 von bis zu 40 Prozent. Die Begründung sehen die Experten darin, dass einige Bereiche, wie eben der Einsatz in Batterien, pro Jahr um zehn Prozent und mehr zulegen.

Besonders leicht zu erschließen sind die Vorkommen in Salzlösung, die zum Beispiel in Bolivien zu finden sind. Bei dieser Art ist die Produktion zu einem Preis von 1.200 US-Dollar pro Tonne Lithiumcarbonat möglich, wobei hier der Faktor Arbeit noch nicht mit eingerechnet ist. Allerdings sind die Kosten sehr unterschiedlich, denn sie hängen sehr stark von der Magnesiumkonzentration in der Salzlösung ab. Bei höheren Magnesiumkonzentrationen ist die Trennung des Lithiums nämlich deutlich teurer.

Bei Vorkommen in Gestein sind die Produktionskosten ohne Frage am höchsten. Hier liegen die variablen Kosten bei bis zu 3.500 US-Dollar. Sollte sich der Aufwärtstrend der jüngsten Zeit fortsetzen, dann können auch solche Produzenten ohne Probleme wirschaftlich arbeiten.

Dazu gibt es noch Produzenten, die das Lithium aus Lehm gewinnen. Hier sind die variablen Kosten der Produktion mit rund 2.300 US-Dollar auch eher niedrig anzusetzen. Vor allem bieten diese Vorkommen auch aus umwelttechnischer Sicht einige Vorteile gegenüber den Salzlösungs-Vorkommen.

Aussichtsreiche Aktien aus diesem Sektor sind Canada Lithium und Rocktech Lithium, die beide Vorkommen in Kanada erschließen.

KAPITEL

DIE GESCHICHTE DER PRODUKTION VON SELTENEN ERDEN

Von der Entdeckung der Elemente (während einer Periode von 1794 bis 1907 und dann noch bis in die 1950er-Jahre) wurden nur einige wenige Seltene Erden in kleinen Mengen – hauptsächlich aus Monazit-Vorkommen – gewonnen.

Vor allem die schweren Seltenen Erden gab es zu dieser Zeit nur in sehr kleinen Mengen, die man fast in Kilogramm angeben konnte. Das lag daran, dass sie hauptsächlich als Beiprodukt bei der Gewinnung von Uran oder Niob anfielen.

Das änderte sich erst 1949, als eine Carbonatit-Einlagerung mit sehr hohen Anteilen an Seltenen Erden in der Mountain-Pass-Region entdeckt wurde, einem Teil der Mojave-Wüste im US-Bundesstaat Kalifornien. Dort lag die Mineralisierung von Seltenerdoxiden zwischen acht und zwölf Prozent.

Die Seltenen Erden der Mountain-Pass-Mine befinden sich hauptsächlich in Bastnäsiten. Bis zum Jahr 1966 entwickelte sich dieses Vorkommen zum wichtigsten Einzelvorkommen der Welt. Die frühe Entwicklung dieser Mine wurde hauptsächlich von dem Aufkommen einer plötzlich starken Nachfrage nach Europium angetrieben. Das lag an der raschen Ausbreitung des Farbfernsehens. Europium wurde ein wichtiger Bestandteil von Farbbildröhren.

Auch heute ist das Mountain-Pass-Vorkommen mit einem durchschnittlichen Grad von 9,3 Prozent und einer nachgewiesenen Reserve von 20 Millionen Tonnen immer noch das einzige nennenswerte Vorkommen auf der Welt, in dem Seltene Erden vorrangig – nicht nur als Beiprodukt – produziert wurden und ab Ende 2012 auch wieder produziert werden.

Zwar herrschen in dem Gestein des Mountain-Pass-Vorkommens leichte Seltene Erden vor, aber dank der großen Menge an Erz können dort durch den Einsatz moderner Verarbeitungstechniken auch signifikante Mengen der mittleren Seltenen Erden gewonnen werden. Da auch diese Rohstoffe für immer mehr Anwendungen benötigt werden, rückt das Mountain-Pass-Vorkommen wieder stärker ins Bewusstsein.

Von 1965 bis 1980 war die Mountain-Pass-Mine die größte Produktionsstätte der Welt. Zu dieser Zeit waren die Vereinigten Staaten

ABBILDUNG 2:
WELTWEITE PRODUKTION VON SELTENERDOXIDEN VON 1950 BIS 2006

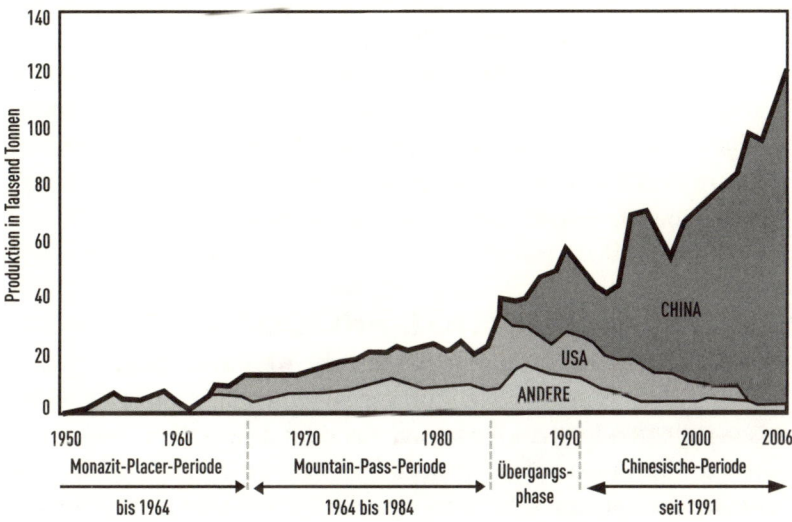

Die weltweite Produktion an Seltenen Erden von 1950 bis 2000 unterteil-te sich in vier verschiedene Perioden: zu Beginn die Monazit-Placer-Periode, die von der Entdeckung der Elemente bis zum Jahr 1964 andauerte. Da-nach folgte die Mountain-Pass-Periode, die im Jahr 1984 mit dem stärke-ren Aufkommen der chinesischen Produktion abrupt endete. In den fol-genden Jahren bis 1991 gab es eine Übergangsphase. Ab 1991 begann dann die chinesische Periode. QUELLE: U.S. GEOLOGICAL SURVEY

hinsichtlich der Seltenen Erden fast autark. Aber seit 1985 hat China die Förderung massiv gesteigert. Die chinesische Produktion speist sich aus zwei Quellen, wobei die mit Abstand wichtigste das Eisen-Niob-SEO-Vorkommen Bayan-Obo in der Inneren Mongolei ist.

Die durchschnittlichen Mineralisierungsgrade liegen dort zwi-schen drei und sechs Prozent und die Reserven betragen mindes-tens 40 Millionen Tonnen SEO. Exakte Ressourcenschätzungen sind allerdings bei Lagerstätten in China oft schwierig. Daher ist es gut möglich, dass dieses Vorkommen noch deutlich größere Mengen Seltene Erden enthält.

Die zweite große Quelle der chinesischen Seltenen Erden liegt im tropischen Süden Chinas, und sie beherbergt deutlich größere Anteile an schweren Seltenen Erden.

Mit diesen Vorkommen beherrscht China seit spätestens 1990 den Weltmarkt. Diese Dominanz äußerte sich im Jahr 2002 darin, dass die Produktion der Mountain-Pass-Mine eingestellt werden musste, weil aufgrund der niedrigen Produktionskosten in China die Seltenen Erden aus den Vereinigten Staaten nicht mehr wirtschaftlich rentabel am Markt verkauft werden konnten.

DIE GEGENWÄRTIGE PRODUKTION

China ist derzeit unangefochten die Nummer eins auf dem Weltmarkt für Seltene Erden. Im vergangenen Jahr kamen rund 95 Prozent des weltweiten Angebots aus dem asiatischen Boomland. Noch erstaunlicher ist allerdings die folgende Zahl: Rund 74 Prozent der Produktion stammen sogar aus einer einzigen Lagerstätte, nämlich aus dem erwähnten Vorkommen Bayan-Obo in der Inneren Mongolei.

Doch das war nicht immer so. Seit dem Beginn der kommerziellen Produktion hat es verschiedene Phasen gegeben. Dabei kamen im Laufe der Jahre nicht nur völlig neue Einsatzgebiete auf. Vielmehr haben sich auch die Produktionsschwerpunkte der Seltenerdoxide deutlich verschoben. Zu Beginn sprach man von der „Seifen-Monazit-Ära". Diese begann etwa 1895 und bezieht sich auf die Verwendung von Monazit als Rohstoffquelle. Wichtig ist aber auch, dass die weltweite Förderung damals nur bei einigen Tausend Tonnen lag. Die größere ökonomische Bedeutung begann erst in der folgenden Phase. Diese wird in der Fachliteratur auch als „Mountain-Pass-Ära" bezeichnet. In dieser Zeit stieg die kalifornische Lagerstätte Mountain Pass zum bedeutendsten weltweiten Lieferanten des Sektors auf. Bei diesem Vorkommen wird hauptsächlich Bastnäsit genutzt.

Die kommerzielle Förderung der Lagerstätte begann 1952. Seit diesem Zeitpunkt stieg auch die Weltproduktion signifikant an: von

wenigen tausend Tonnen im Jahr 1960 auf annähernd 60.000 Tonnen im Jahr 1985.

Seit 1980 ist China als wichtiger Player auf dem Weltmarkt aufgetaucht. Mit der Entdeckung großer Vorkommen 1978 legte das asiatische Riesenreich die Basis für die heute festzustellende Vormachtstellung. „Saudi-Arabien hat Öl, wir haben die Seltenen Erden", sagte Chinas starker Mann Deng Xiaoping 1992. Spätestens seit 1990 hat China seine Vormachtstellung auf dem Weltmarkt erreicht. So drängten die leicht abbaubaren und daher günstigen Vorkommen in China viele andere Anbieter aus dem Markt.

Hatte es bis 1990 noch nennenswerte Projekte in der ehemaligen Sowjetunion, Australien und Thailand gegeben, so dominierten ab 1990 die chinesischen Vorkommen den Weltmarkt.

Diese Zeit wird deshalb auch als „chinesische Ära" bezeichnet, und die dauert bis heute an.

TABELLE 4:
PRODUKTION, RESERVEN UND RESSOURCEN AN SELTENEN ERDEN

LAND	2007	2008	RESERVEN	RESSOURCEN
Vereinigte Staaten	0	0	13.000.000	14.000.000
Australien	0	0	5.200.000	5.800.000
Brasilien	650	650	48.000	84.000
China	120.000	120.000	27.000.000	89.000.000
Commonwealth	0	0	19.000.000	21.000.000
Indien	2.700	2.700	1.100.000	1.300.000
Malaysia	380	380	30.000	35.000
Andere Länder	k.A.	k.A.	22.000.000	23.000.000
Welt (gerundet)	**124.000**	**124.000**	**88.000.000**	**150.000.000**

QUELLE: U.S. GEOLOGICAL SURVEY, MINERAL COMMODITIES SUMMARIES 2009

Die chinesischen Vorkommen waren und sind für den Weltmarkt von existenzieller Bedeutung, denn durch die vielen hochwertigen und vor allem neuen Anwendungen ist die Nachfrage in den vergangenen 15 Jahren explodiert. Und diese enorm gestiegene Nachfrage ist derzeit nur durch die chinesischen Minen abzudecken. Immerhin lag die Weltproduktion 2007 bei annähernd 125.000 Tonnen. Dabei ist zu beachten, dass die chinesischen Minen noch nicht auf voller Kapazität laufen.

Eine weitere wichtige Quelle in China ist das tropische Gebiet im Süden des Landes. Die dort geförderten Oxide erzielen sehr hohe Preise, weil sie von sehr guter Qualität sind. Ein weiterer Vorteil dieser Minen besteht darin, dass sie auch noch leicht abzubauen sind.

Die weltweite Dominanz Chinas auf der Produktionsseite verdeutlicht Tabelle 4 auf Seite 91. Von den 124.000 Tonnen Seltenerdoxiden kamen 2008 rund 120.000 Tonnen aus China. Interessant ist dabei auch ein Blick auf die Vereinigten Staaten. Hier gibt es momentan keine eigene Produktion – doch das wird sich schon in rund zwei Jahren ändern. Dann soll nämlich die Mountain-Pass-Mine wieder die Produktion aufnehmen. Laut den aktuellen Planungen des Betreibers Molycorp soll dort die Produktion zu Beginn immerhin annähernd 20.000 Tonnen betragen.

Daran ist erkennbar, wie klein der Weltmarkt doch ist – wenn eine wieder in Betrieb genommene Mine sofort wieder für rund 16 Prozent verantwortlich sein kann. Interessant ist ebenso, dass die Vereinigten Staaten auch ohne eigene Produktion eine wichtige Rolle bei der Weiterverarbeitung einnehmen. So wurden noch 2008 Konzentrate aus der Mountain-Pass-Mine zu Lanthan-Konzentraten und Didym-Produkten weiterverarbeitet. Im Einzelnen waren das 75 Prozent Neodym und 25 Prozent Praseodymium.

Trotz der angespannten Lage auf dem Weltmarkt gibt es in den Vereinigten Staaten keine staatlichen Reserven. Sollte jedoch die chinesische Vormachtstellung weitergehen, wären solche Reserven ein probates Mittel, um die dauerhafte Versorgung mit den strategischen Metallen sicherzustellen. Die politische Dimension der sicheren Versorgung mit Seltenen Erden ist fraglos ein extrem wichtiges

Thema. Details dazu haben wir im Kapitel „Der politische Faktor"
aufgeführt.

EIN MARKT AM SCHEIDEWEG

Derzeit befindet sich der Markt für Seltene Erden an einem Scheideweg. China ist kaum noch in der Lage, die wachsende Nachfrage
des Weltmarktes zu stillen. Eine Folge ist schon jetzt sichtbar: Die Ex-
portmengen sind in den vergangenen Jahren deutlich zurückgegan-
gen. Lagen sie 2004 noch bei 60.000 Tonnen, so ging die Zahl schon
2007 auf nur noch 40.000 Tonnen zurück. Zudem verhängte die
chinesische Regierung schon 2006 einen Exportzoll auf Seltene Erden von zehn Prozent. Dieser Steuersatz ist im vergangenen Jahr je
nach Rohstoff auf 15 bis 25 Prozent erhöht worden. Zugleich wurde
eine Reduzierung der Produktionsmengen angekündigt, die für eine
Angebotsverknappung sorgen soll. Auf diese Art und Weise stellt
China sicher, dass immer genügend Seltenerdmetalle für den eigenen Bedarf vorhanden sind.

Für neue Produzenten ist es unter diesen Voraussetzungen nicht
so einfach, den Markt zu erobern. Daher ist der Faktor Zeit sehr
entscheidend. Oft dauert es von der Entdeckung eines Vorkommens
bis zum endgültigen Start der Produktion bis zu zehn Jahre. Und das
gilt auch nur, wenn es im Verlauf der Entwicklung des Vorkommens
keine Verzögerungen bei der Finanzierung, der Geologie oder Metallurgie des Vorkommens gibt.

CHINA BEGRENZT DEN EXPORT UND
VERSCHÄRFT DIE UMWELTAUFLAGEN

Das Jahr 2011 begann gleich sehr turbulent. In den ersten Wochen des Jahres kündigte China an, die Exportquoten weiter zu senken. Das steht allerdings in krassem Gegensatz zu den Wünschen
der Bundesregierung. So möchte Bundeswirtschaftsminister Rainer
Brüderle (FDP) dafür sorgen, dass die Chinesen die Exportquoten

wieder anheben. Immerhin handelt es sich bei den aktuellen Ankündigungen um Kürzungen von mehr als 30% auf Jahressicht.

Für 2011 stellt sich ganz klar die Frage: Wo sollen bestimmte Seltenerdmetalle für wichtige Anwendungen in der Hightech-Industrie noch herkommen? China spielt seine dominierende Rolle auf dem Weltmarkt immer stärker aus. Nun kommt sogar noch der Umweltschutz ins Spiel. Offizielle chinesische Vertreter kündigten an, dass in China schon bald strengere Umweltstandards gelten sollen. Das klingt zunächst nach einer erfreulichen Weiterentwicklung. Immerhin werden bislang in den großen Minen bei der Produktion viele durch Säuren stark verschmutzte Abwässer so gut wie ungeklärt abgeleitet. Hier tut eine Verbesserung auf jeden Fall Not.

Doch bei genauerer Betrachtung ist auch eine andere Lesart dieser chinesischen Ankündigung möglich: So erlaubt die Welthandelsorganisation WTO, die den freien Welthandel fördert, bei Verstößen gegen Umweltstandards ganz klar Exportbeschränkungen. Insofern können die Chinesen auf diesem Weg sogar mit offizieller Legitimation der WTO den Export weiter beschränken. Es bleibt dabei: Der Weltmarkt für Seltene Erden steht genau jetzt am Scheideweg.

Wie groß die Hoffungen in die zahlreichen Unternehmen aus dem Sektor sind, die außerhalb Chinas aktiv sind, zeigte die heftige Kursrallye direkt nach der Ankündigung neuer chinesischer Exportbeschränkungen. Zu den Highflyern dieser Rallye zählten auch die meisten Firmen, die in diesem Buch genauer vorgestellt werden, darunter die Schwergewichte Molycorp und Avalon Rare Metals. Bei so heftigen Kursbewegungen stellt sich immer die Frage: Ist das alles nur ein Hype, oder stehen wir hier vor einem nachhaltigen Aufschwung? Diese Frage beantworten wir im letzten Kapitel des Buches und geben dazu noch einen Überblick über die von uns favorisierten Titel.

KAPITEL

6

DIE WICHTIGSTEN
ANWENDUNGEN – HEUTE
UND IN DER ZUKUNFT

Kaum jemand kennt sie – aber eigentlich jeder nutzt sie. Diese Worte treffen auf die vielfältigen Anwendungen der Seltenen Erden in der heutigen Alltagswelt des 21. Jahrhunderts eindeutig zu.

Meist werden Seltene Erden nach einem komplizierten Aufbereitungsprozess in einem der vielen Hightech-Bereichen eingesetzt. Entscheidend ist dabei: Durch den ständigen technischen Wandel verlieren alte Einsatzgebiete an Bedeutung und neue entstehen.

Grundsätzlich bringen die Lanthanoide ganz spezielle Eigenschaften mit, die sie vielseitig einsetzbar machen. Das bezieht sich auf die magnetischen, chemischen, elektrischen, fluoreszierenden oder strahlungssicheren Eigenschaften.

Schaut man auf die Haupteinsatzgebiete, so lassen sich die folgenden Gruppen auflisten. Die Prozentangaben beziehen sich hierbei immer auf den Gesamtverbrauch 2006:

KATALYSATOREN: 20 PROZENT

Hierunter fällt das Cracken von Petroleum und Benzin und auch der Einsatz in Autoabgaskatalysatoren (Ce, La).

MAGNETE: 19 PROZENT

Unter anderem Neodym-Eisen-Bor- und Samarium-Kobalt-Permanentmagnete (Nd, Dy, Sm, Tb, Pr).

METALLURGIE: 16 PROZENT

Einsatz Seltener Erden in Legierungen. Dadurch wird die Beständigkeit verbessert. Verwendung als Eisen- und Stahlzusatz, Batterielegierung in Nickel-Metallhydrid-Batterien (La).

POLITUREN: 13 PROZENT

Bestandteil von Poliermitteln, zum Beispiel für Glas und Computerchips (Ce).

GLÄSER: 12 PROZENT

Bestandteile von Spezialgläsern mit hoher Brechzahl, als UV-Schutz und zur Einfärbung.

LEUCHTMITTEL: 8 PROZENT
Bestandteil von Plasmabildschirmen, LCDs, Energiesparlampen, Fluoreszenzlampen und Radargeräten.

KERAMIK: 5 PROZENT
Färbung (Ce, Nd) oder Stabilisator für Keramikmaterialien (Y), außerdem Einsatz in keramischen Kondensatoren.

ANDERE: 7 PROZENT
Zusatz im Tierfutter, Pigmente, medizinische Anwendungen, Laser, Hochtemperatursupraleiter, Zündsteine.

QUELLE: BGR, COMMODITY TOP NEWS NR. 31

Durch die Verschiebung der Anwendungen kann es in Zukunft dazu kommen, dass bestimmte Seltene Erden sehr viel stärker benötigt werden. So wird die Nachfrage nach Neodym durch den verstärkten Einsatz in Neodym-Eisen-Bor-Magneten in den nächsten Jahren sicherlich überproportional zunehmen.

Nach der groben Einteilung in die Hauptanwendungen lohnt sich jetzt ein detaillierter Blick auf die Nutzer. Ganz wichtig ist dabei der militärische Einsatz. So begann die Massenverwendung von Seltenen Erden im militärischen Bereich. Auch heute noch ist dieser Sektor sehr wichtig, und daher kommt der sicheren Versorgung mit den notwendigen Seltenen Erden eine strategische Bedeutung zu. Das haben auch die vielen Äußerungen aus der Politik gezeigt, als China im Herbst 2010 einmal mehr die Exportquoten gesenkt hat. Im gesamten Jahr 2010 gab es einen Rückgang um 40% auf nur noch 30.258 Tonnen. Diese Entwicklung setzte sich Anfang 2011 fort, als China erneut die Quoten senkte. Im ersten Halbjahr 2011 ist die Exportquote chinesischer Firmen auf nur noch 14.500 Tonnen festgelegt worden. Das entspricht einem spürbaren Rückgang im Vergleich zum Vorjahr. Schon jetzt erwarten viele Experten eine Fortsetzung dieses Trends auch über dieses Jahr hinaus. Dabei ist zu beachten, dass die Quoten von der chinesischen Seite immer für sechs Monate festgelegt werden.

Sogleich gab es in vielen westlichen Industriestaaten einen Auf-
schrei. Dabei ging es auch um die Versorgung der freien Wirtschaft
mit diesen wichtigen Stoffen. Aber vor allem in den Vereinigten
Staaten, einem Land, in dem die Militärausgaben 2009 bei 574 Milliarden US-Dollar lagen, kommt der Versorgung mit den wichtigen
Seltenen Erden eine ganz entscheidende Bedeutung zu. Weitere Fak-
ten zur politischen Dimension des Themas finden Sie in Kapitel 11.

Die Vereinigten Staaten sind für die verschiedenen militärischen
Anwendungen ein gutes Beispiel. So ist die große Militärmacht, die
derzeit in vielen Regionen der Welt in Kriege verwickelt ist, bei allen
gesteuerten Raketensystemen auf die sichere Versorgung mit Seltenen Erden angewiesen. Das gilt auch für die sogenannten intelligenten Bomben und für unbemannte Aufklärungsflugzeuge. Speziell
der Bereich der Drohnen gehört zu den Wachstumsmärkten bei den
militärischen Anwendungen.

Zu den weiteren Einsatzgebieten beim Militär gehören moderne
Sonargeräte, sichere Übertragungen, Düsenjägermotoren der neuesten Generation und generell moderne Waffen. Bei modernen Radar-
anlagen kommen Produkte aus dem Bereich der Seltenen Erden
ebenso zum Einsatz wie bei vielen Ziel- und Auslösesystemen.

Doch damit ist noch längst nicht Schluss. Auch bei zukünftigen
Weiterentwicklungen der schon bekannten Waffensysteme werden
Seltene Erden eine wichtige Rolle spielen.

Das bezieht sich auf zahlreiche neue Anwendungen im militärischen Bereich, beispielsweise in der Weiterentwicklung der Radar-
technik und bei intelligenten Waffensystemen.

GREEN TECHNOLOGY:
DIE ENERGIEQUELLEN DER ZUKUNFT

Das Zeitalter des Öls hat seinen Höhepunkt erreicht. Derzeit liegt
die weltweite Ölförderung bei rund 85 Millionen Barrel am Tag,
und diese Menge wird auch verbraucht. Laut Schätzungen der Internationalen Energieagentur (IEA) soll die Nachfrage bis zum Jahr

2030 auf bis zu 110 Millionen Barrel pro Tag steigen. Noch ist völlig unklar, ob diese Menge überhaupt jemals produziert werden kann.

Doch an der weiter steigenden Nachfrage gibt es kaum Zweifel. Schon wenn der Pro-Kopf-Verbrauch in China oder Indien weiter im bisherigen Tempo von rund fünf Prozent im Jahr wächst, stößt der Ölmarkt sehr schnell an seine Grenzen. Dank dieser Ausgangslage haben alternative Fahrzeugantriebe in den vergangenen Jahren stark an Bedeutung gewonnen. Unter dem Stichwort Hybridantrieb hat sich vor allem Toyota schon sehr früh einen Namen gemacht. Mit dem Prius ist Toyota seit 2003 auf dem Markt präsent. Das Auto wird mittlerweile in der dritten Generation angeboten.

Aber Toyota ist nicht allein auf dem Markt. Viele andere Anbieter sind mittlerweile in diesen lukrativen Markt eingestiegen, der stabile Wachstumsraten aufweist. Ein großer Vorteil der Hybridfahrzeuge: Der Kunde muss sich nicht auf eine Technologie festlegen. Das Auto fährt ganz normal mit Benzin, aber der Elektroantrieb schaltet sich automatisch zu.

So ergibt sich zwar kein Null-Emissions-Verkehr, aber der CO_2-Ausstoß ist deutlich geringer als bei normalen Fahrzeugen. Und mit der mittlerweile am Markt befindlichen Plug-in-Version des Prius kann das Fahrzeug sogar ganz einfach in der eigenen Garage wieder aufgeladen werden.

Ob Prius oder anderes Hybridmodell, eins haben alle gemeinsam: In diesen Autos werden für die verschiedenen Anwendungen zwischen 12 und 15 kg Seltene Erden verbaut. Das verdeutlicht die Grafik auf der nächsten Seite.

Einen Schritt weiter geht derzeit der US-Hersteller Chevrolet mit seinem reinen Elektromodell Chevy Volt. Das US-Fahrzeug wurde Ende 2010 zum „Green Car of the Year" gewählt. Aber ganz ohne Benzinmotor kommt auch dieses Fahrzeug nicht aus. Dabei sieht General Motors den Einsatz des Benzinmotors nur als „Range Extender", was auf Deutsch so viel wie Reichweitenverlängerer heißt. Er dient also nur als Ersatzantrieb, wenn die Akkus leer sind.

Aber das sind nur zwei Anwendungen, die sich lediglich auf die Fortbewegung beziehen. Genauso wichtig ist allerdings die sichere

ABBILDUNG 3:

AUTOKOMPONENTEN, DIE SELTENE ERDEN ENTHALTEN

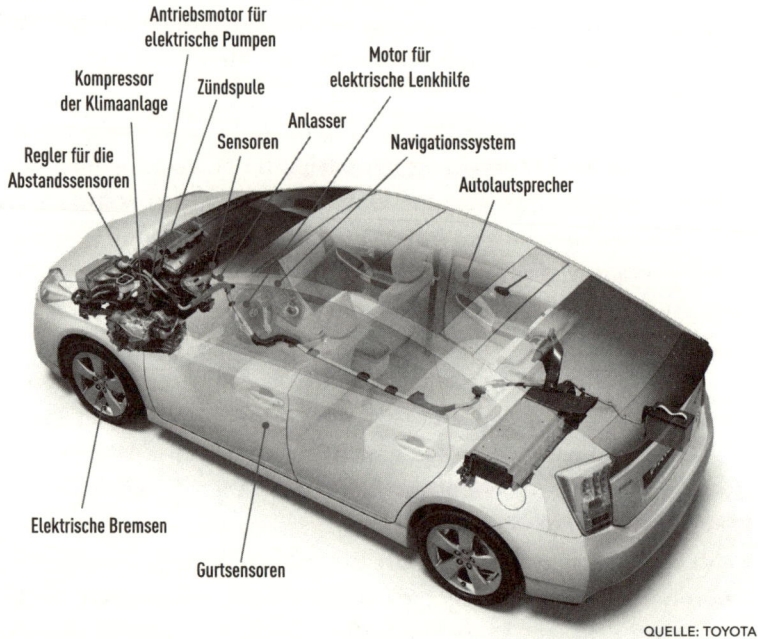

Antriebsmotor für elektrische Pumpen

Kompressor der Klimaanlage

Zündspule

Motor für elektrische Lenkhilfe

Anlasser

Sensoren

Navigationssystem

Regler für die Abstandssensoren

Autolautsprecher

Elektrische Bremsen

Gurtsensoren

QUELLE: TOYOTA

Energieversorgung. Auch hier hat der Sektor der Seltenen Erden eine ganz wichtige Funktion. So werden sie für die Magnete in großen Windturbinen benötigt. Das Gleiche gilt für moderne Solarmodule. Eine weitere Anwendung sind Hochleistungslampen.

In Abgaskatalysatoren für Kraftfahrzeuge kommen neben den bekannten Edelmetallen Platin und Palladium auch Seltene Erden in kleinen Mengen vor.

Aber das wirklich große Potenzial ergibt sich aus den vielen neuen Anwendungen, die bislang noch in der Forschungsphase oder gerade erst in sehr kleinem Maßstab am Markt gestartet sind. Eine der wichtigsten Entwicklungen könnte hier die magnetische Kühlung werden. Seltene-Erden-Magnete machen es im Bereich der Kühlung möglich, den Verbrauch an fossilen Brennstoffen um bis zu 15 Prozent zu reduzieren. Gleichzeitig verdrängen die neuen

Kühlmethoden ältere und vor allem gefährlichere chemische Verbindungen, die momentan noch den Markt beherrschen.

Auch bei der Atomenergie laufen derzeit Forschungen. So könnte beispielsweise aus Thorium Kernenergie erzeugt werden. Schon jetzt steht fest, dass Thorium ergiebiger als Uran oder Plutonium ist. Zudem ist es ein günstiger nuklearer Brennstoff, der die Kosten im Bereich Atomkraftbau- und -instandhaltung enorm senken würde. Überdies bietet Thorium einen großen Sicherheitsvorteil: Es vermindert das Risiko der Verbreitung von nuklearen Waffen, da es vollständig in nicht spaltbares Material umgewandelt werden kann. Gleichzeitig produziert Thorium im Vergleich zu den heutigen Nukleartechnologien nur einen Bruchteil an nuklearem Müll. Thorium ist zudem nicht wasserlöslich, und diese Eigenschaft wird die Mülllagerung und die Umweltrisiken insgesamt senken. Ein Thorium-LFTR (Liquid Fluoride Thorium Reactor), also ein Flüssigsalzreaktor, würde außerdem wertvolle Seltene Erden als Nebenprodukte produzieren.

Erst kürzlich hat das US-Unternehmen Molycorp eine neue Anwendung präsentiert. Dabei handelt es sich um den auf Cerbasis arbeitenden Wasserfilter XSORBX. Sollte sich diese patentierte Technologie am Markt durchsetzen, hätte Molycorp als Anbieter von Seltenen Erden auch gleich ein passendes Produkt am Markt. Ein ähnliches Geschäftsmodell betreibt Neo Material Technologies mit Magnetpulvern. So besitzt das Unternehmen eigene Minen in China und produziert dort auch die begehrten Magnetpulver. In speziellen Marktsegmenten besitzt Neo Material Technologies einen Marktanteil von bis zu 80 Prozent.

INDUSTRIELLER EINSATZ

Den größten Einfluss haben die Seltenen Erden auf den gesamten Hightech-Bereich. Ohne die ausreichende Versorgung mit den speziellen Produkten können keine Handys, Blackberrys, iPods, iPads, Computer-Festplatten, Farbfernsehgeräte, Glasfaser-Optik, moderne Elektromotoren, Hochleistungs-Permanentmagnete, Laser oder

Supraleiter gebaut werden. Auch bei der Mikrowellen-Übertragung, moderner Metallurgie- und Röntgenausstattung gibt es viele Einsatzgebiete für die Seltenen Erden.

Neben diesen vielfältigen Einsatzmöglichkeiten gibt es auch noch weitere Anwendungen, an denen derzeit schon geforscht wird. So laufen in vielen Labors rund um den Globus schon Forschungen im Bereich der Elektronik und der Computertechnik. Dabei geht es um moderne Supraleiter, Hochgeschwindigkeitsprozessoren für Computer und neue Wege der Satellitenübertragung.

Zudem gibt es ständige Fortschritte in der Materialforschung. Dies ermöglicht Einsatzbereiche für metallurgische und kohlenstoffhaltige Fasern einschließlich Nano-Partikeln. Weitere Forschungen stellen die Konstruktion von Flugzeugen und Fahrzeugen in den Mittelpunkt. Dabei geht es um den Einsatz von neuartigen Materialien, die leichter und trotzdem sicher sind. Und da sich Gewichtsersparnis immer in einer Treibstoffersparnis niederschlägt, bieten sich hier zahlreiche neue Einsatzgebiete.

KAPITEL

7

SELTENE ERDEN IN DER NANOTECHNOLOGIE

GASTBEITRAG VON MARCO BECKMANN,
CEO DER NANOSTART AG

Marco Beckmann ist einer der international führenden Experten auf dem Gebiet Nanotechnologie und -Investments.

Beckmann war der Erste, der sich den Auswirkungen der Nanotechnologie auf die globalen Kapitalmärkte widmete. Er hat mittlerweile drei Bücher zum Thema Nanotechnologie und Börse veröffentlicht.

Die Nanotechnologie wird häufig als Zukunftstechnologie charakterisiert. Wer diese Beschreibung übernimmt, muss wissen, dass die Zukunft schon begonnen hat: Nach einer Liste der US-Organisation „Project on Emerging Nanotechnologies" (stets aktualisiert abrufbar unter www.nanotechproject.org/inventories/consumer/) gibt es bereits mehr als 1.000 Konsumprodukte, die auf Nanotechnologie beruhen oder Nanoteilchen enthalten. Doch tatsächlich hat die Nanotechnologie ihre Zukunft noch vor sich: Weltweit schaffen Wissenschaftler aus Industrie und Forschung mit Experimenten, Computersimulationen und theoretischen Berechnungen häufig gerade erst die Grundlage für

das, was später einmal als Produkt oder Verfahren marktreif wird. Für das Jahr 2015 sagt die US-amerikanische National Science Foundation ein Weltmarktvolumen nano-optimierter Produkte von einer Billion US-Dollar voraus. Das US-amerikanische Beratungsunternehmen LUX Research prophezeit für 2015 sogar ein Marktvolumen von bis zu drei Billionen US-Dollar.

Seltenerdmetalle und ihre chemischen Verbindungen werden daran ihren Anteil haben – sei es in Form von Nanoteilchen oder als Inhaltsstoffe von Bauteilen, die nanostrukturiert sind oder nanotechnologisch hergestellt wurden. Die Nanotechnologie wird den Seltenerdmetallen neue Möglichkeiten erschließen, die über deren etablierte Anwendungen deutlich hinausgehen.

DER BEGRIFF „NANO" UND SEINE BEDEUTUNG

„Nano" – abgeleitet vom griechischen Wort „nanos" (Zwerg) – steht dabei zunächst einmal für eine Größenordnung. Mit „Nano" wird der milliardste Teil von etwas bezeichnet. Ein Nanometer, also ein milliardstel Meter, entspricht dem Durchmesser von drei bis vier Atomen. Zum Vergleich: Ein Menschenhaar ist 50.000 Nanometer dick. In dieser Dimension haben Materialien und Komponenten völlig andere Eigenschaften als sonst, verändern etwa Farbe, Härte oder elektrische Eigenschaften. Auch gelten andere Regeln als in der sichtbaren Welt, denn es greifen die Gesetze der Quantenmechanik.

Im Zusammenspiel mit der Maßeinheit „Meter" ist die Vorsilbe „Nano" eindeutig. Doch für den Begriff „Nanotechnologie" gibt es eine ganze Reihe von Definitionen.

Hier diejenige der Organisation für wirtschaftliche Zusammenarbeit und Entwicklung (OECD): „Die Nanotechnologie setzt sich zusammen aus allen Technologien, welche die Veränderung, Erforschung oder Nutzung von sehr kleinen Strukturen (üblicherweise kleiner als 100 Nanometer) oder Systemen ermöglichen. Die Nanotechnologie trägt zur Entwicklung von neuen Materialien, Geräten und Produkten bei, die qualitativ andersartige Eigenschaften haben. Sie hat das Potenzial, praktisch alle Wirtschaftsbereiche und Aspekte des täglichen Lebens zu beeinflussen."

BREITES SPEKTRUM AN ANWENDUNGEN

Tatsächlich findet sich die breite Spanne der Nanotechnologie-Anwendungen auch in den vorhandenen und potenziellen Einsatzgebieten von denjenigen Nanomaterialien und Nanoprodukten wieder, die Seltenerdmetalle enthalten. Sie reichen von der chemischen Industrie über die Energiebranche, die Umwelt- und Bautechnik, die optische Industrie, die Automobilbranche, die Informations- und Kommunikationstechnik bis hin zur Medizin. Dabei ist der Reifegrad der nanotechnologischen Produkte und Verfahren sehr unterschiedlich und reicht von konzeptionellen Vorarbeiten bis hin zum bereits erfolgten Markteintritt. Zumeist handelt es sich um wettbewerbsrelevante Technologien, über die Industrieunternehmen nur spärlich berichten. Insofern können an dieser Stelle nur einige exemplarische Entwicklungen aufgezeigt werden.

RIESIGE OBERFLÄCHEN FÜR BESSERE KATALYSATOREN

Nanoteilchen sind winzig, haben aber im Vergleich zu größeren Partikeln pro Gewichtseinheit eine riesige Oberfläche: Während ein Würfel mit einer Kantenlänge von 1 Meter eine Oberfläche von 6 Quadratmetern hat, hätten alle 100-Nanometer-Kantenlänge-Würfelchen, die daraus durch Zerteilen hergestellt werden könnten, eine Oberfläche von zusammen 60 Millionen Quadratmetern – die Fläche von rund 8.000 Fußballfeldern. Diese gewaltige Oberfläche von Nanoteilchen führt häufig dazu, dass sie viel reaktionsfreudiger sind als das entsprechende herkömmliche Material.

Große Oberflächen sind aber auch ein wichtiger Faktor, der Katalysatoren besonders wirkungsvoll macht. Rund 70 Prozent aller Herstellungsverfahren in der chemischen Industrie sind auf Katalysatoren angewiesen. Wer über die besten Katalysatoren verfügt, kann wirtschaftlicher, energiesparender und umweltfreundlicher produzieren als die Konkurrenz. Insbesondere Ceroxid – häufig mit anderen Seltenerdmetallen dotiert – ist ein bekanntes katalytisches Material, mit dessen Hilfe organische Grundchemikalien hergestellt werden. Die chemische Industrie forscht ständig nach Möglichkeiten, ihre Katalysatoren zu verbessern – und nano-optimierte Seltenerdverbindungen sind

vielversprechende Kandidaten. Doch Nanopartikel aus Ceroxid können nicht nur in Chemieanlagen als Katalysatoren dienen, sondern auch in Autokraftstoffen. Setzt man sie beispielsweise Diesel zu, so verbrennt der Treibstoff in der Brennkammer gleichmäßiger und gründlicher. Die Folge: Der Dieselverbrauch verringert sich um bis zu zehn Prozent und das Auto stößt weniger Kohlendioxid, Ruß und andere Schadstoffe aus.

LEISTUNGSFÄHIGERE BRENNSTOFFZELLEN

Oxide der Seltenerdmetalle sind auch in Hochtemperatur-Brennstoffzellen mit Festelektrolyt (Solid Oxide Fuel Cells, kurz SOFC) im Einsatz. Brennstoffzellen sind eine Energietechnologie, die auf dem Sprung in den Markt ist und ökonomische sowie ökologische Vorteile verspricht. Brennstoffzellen nutzen einen besonders großen Teil der Energie der Brennstoffe. Mit ihnen lassen sich also sehr viel Strom und Wärme aus Wasserstoff oder Erdgas herausholen, wobei im Wasserstoff-Betrieb überhaupt kein Treibhausgas Kohlendioxid entsteht, im Erdgas-Betrieb erheblich weniger als bei Verbrennungsmotoren und Heizkesseln.

Brennstoffzellen bestehen im Wesentlichen aus drei Schichten: einer Anode, einem Elektrolyten und einer Kathode. Anode und Kathode müssen durchlässig sein für Gas und gleichzeitig den elektrischen Strom gut leiten. Der Elektrolyt muss dagegen gasdicht sein, aber Sauerstoff-Ionen passieren lassen, die von der Kathode zur Anode wandern.

Vor allem Elektrolyt und Kathode bestehen vielfach aus Keramiken, die Yttrium, Lanthan, Cer, Samarium oder Gadolinium enthalten. Da entscheidende Eigenschaften der Keramiken wie Porosität und Ionenleitfähigkeit stark von der Teilchengröße der Ausgangsmaterialien und den Herstellverfahren abhängen, versprechen sich Wissenschaftler, dass sich die Leistungsfähigkeit der SOFC mithilfe von Nanotechnologie noch verbessern lässt. Das bedeutet auch, dass beispielsweise die SOFC bei niedrigeren Temperaturen betrieben werden könnten, eine längere Lebensdauer bekämen und daher wirtschaftlich konkurrenzfähig würden.

KOSTENGÜNSTIGE OPTISCHE BAUTEILE

Seltenerdverbindungen sind begehrte Leuchtstoffe, die unter anderem in Plasmabildschirmen, Leuchtstofflampen und Röntgendetektoren im Einsatz sind. Solche Leuchtstoffe galten lange als technisch ausgereift, doch die weltweiten Forschungsaktivitäten haben im letzten Jahrzehnt mit dem Aufkommen der Nanotechnologie wieder deutlich zugenommen. Die Wissenschaftler suchen dabei vor allem nach Möglichkeiten, Leuchtstoff-basierte Bauteile billiger, kleiner, farbstabiler oder haltbarer zu machen. Hier nur ein aktuelles Beispiel: Koreanische Wissenschaftler zeigten Mitte 2010, wie Nanopartikel aus einer Seltenerdverbindung für die Farbe Grün genutzt werden können, um auf einfache Weise extrem transparente Plasmabildschirme zu fertigen.

INNOVATIVE LEUCHTSTOFFE FÜR DIE MEDIZIN

Ein besonders verheißungsvolles Einsatzgebiet von Seltenerd-Nanoleuchtstoffen ist die Medizin. Weltweit entwickeln Forscher Nanophosphore, mit deren Hilfe Krankheitserreger oder Biomoleküle, deren Ausschüttung typisch etwa für Krebs oder Herz-Kreislauf-Erkrankungen ist, schneller und sicherer nachgewiesen werden können als bisher. Bislang werden für diesen Zweck häufig organische Fluoreszenzfarbstoffe verwendet. Werden diese Substanzen mit Licht einer bestimmten Wellenlänge angeregt, strahlen sie die aufgenommene Energie anschließend in Form von Licht einer anderen Wellenlänge wieder ab. Um beispielsweise Krankheitserreger im Blut eines Patienten zu finden, werden einer – aus dem Blut gewonnenen – Probe Test-Antikörper zugesetzt. Sind im Blut tatsächlich die vermuteten Erreger vorhanden, docken die Antikörper daran an. Weil die Test-Antikörper mit den Fluoreszenzfarbstoffen markiert sind, können die Mediziner die Anwesenheit und auch die Menge der Krankheitserreger nachweisen, indem sie das Fluoreszenzlicht und seine Intensität messen.

Organische Fluoreszenzfarbstoffe haben aber einige Nachteile. So lassen sich häufig nicht mehrere Farbstoffe gleichzeitig verwenden, weil die Wellenlängen der jeweiligen anregenden und ausgesandten Strahlen so stark überlappen, dass eine Auswertung nicht möglich ist.

Daher kann man dann eine Probe nicht auf verschiedene Antikörper gleichzeitig testen. Anders die Seltenerd-Nanophore: Sie sind – so der Fachjargon – „multiplexfähig", was diagnostische Tests schneller und preiswerter macht. Außerdem bleichen sie nicht so schnell aus wie organische Fluoreszenzfarbstoffe.

Ein weiteres wichtiges Plus der Nanophore: Ihre Fluoreszenz überdauert die von anderen Molekülen, die in biologischen Proben vorkommen. Dadurch kann sie noch mehrere Millisekunden nach dem anregenden Lichtstrahl gemessen werden, wenn das Hintergrundleuchten der anderen Moleküle bereits verschwunden ist. Somit zeichnen sich die Seltenerd-Nanoleuchtstoffe durch eine besonders hohe Nachweisempfindlichkeit aus. Das US-Unternehmen Lumiphore, eine Ausgründung der University of California, Berkeley, ist wegweisend in der Entwicklung solcher Nanophore mit den Seltenerdmetallen Terbium, Europium, Samarium und Dysprosium. Die patentgeschützte Technologie von Lumiphore ermöglicht dabei nicht nur die Vorhersage und Diagnose von Krankheiten, sondern ist auch für die Arzneimittelentwicklung und für Gentests extrem hilfreich.

KEIMTÖTENDE BESCHICHTUNGEN UND EFFIZIENTE SOLARZELLEN

Die Seltenerd-Nanophore von Lumiphore wie auch die fluoreszierenden Seltenerdbeschichtungen in Leuchtstoffröhren senden Licht aus, das langwelliger ist als das, womit sie angeregt wurden. Doch mit Seltenerdmetallen lassen sich auch Nanomaterialien herstellen, die einen gegenteiligen Effekt zeigen: Sie wandeln sichtbares Licht in kürzerwelliges UV-Licht um. „Upconversion" nennen Fachleute das Phänomen, bei dem zunächst ein Lichtteilchen ein Elektron des Seltenerdmetalls auf einen ersten angeregten Zustand hebt, bevor ein zweites Lichtteilchen das Elektron auf ein noch energiereicheres Niveau befördert. US-Forscher haben Mitte 2010 Beschichtungen aus entsprechenden Nanomaterialien vorgestellt, die im Sonnenlicht oder bei starker künstlicher Beleuchtung UV-Strahlen aussenden, die das Erbgut – die DNA – von Bakterien schädigen. Solche Beschichtungen könnten einmal helfen, Krankenhäuser oder eingepackte Lebensmittel keimfrei zu halten.

Der Upconversion-Effekt von Seltenerd-Nanomaterialien ist aber auch noch für ein ganz anderes Einsatzgebiet von erheblichem Interesse: Er eröffnet eine vielversprechende Möglichkeit, Solarzellen zu bauen, die einen höheren Wirkungsgrad haben als die heutigen, also effizienter sind. Denn üblicherweise durchlaufen infrarote – relativ langwellige – Lichtteilchen die Solarzelle, ohne von dieser absorbiert und somit genutzt zu werden. Mithilfe von Seltenerd-Nanoverbindungen können zwei solche infraroten Lichtteilchen gleichsam in ein sichtbares Lichtteilchen umgewandelt werden, das dann von der Solarzelle zur Stromerzeugung verwertet werden kann.

KAPITEL

8

DIE WEITREICHENDEN FOLGEN FEHLENDER VERSORGUNG

An der Vielzahl der Anwendungen ist abzulesen, dass sehr viele Industriezweige sehr auf die reibungslose Versorgung mit Seltenen Erden angewiesen sind. Doch was passiert, wenn genau dieser Nachschub nicht mehr gewährleistet ist? Zu dieser Frage gibt es schon sehr viele Äußerungen von Marktexperten, aber auch von offiziellen Regierungsstellen und Nicht-Regierungsorganisationen (NGOs).

So hat beispielsweise in den Vereinigten Staaten das nationale Mineralien-Gremium die Seltenen Erden als „strategisch und kritisch" eingeordnet. Viele weitere Organisationen in den Vereinigten Staaten kommen zu dem Schluss, dass die Seltenen Erden für die industriellen Interessen der Nation entscheidend sind. Zu den Organisationen, die sich dahingehend geäußert haben, gehören die nationale Akademie der Wissenschaften, die nationale Akademie für Entwicklung, der nationale Forschungsausschuss und die nationale Akademie für Medizin.

Das U.S. Geological Survey, die wichtigste offizielle geologische Instanz der Vereinigten Staaten, listet die Seltenerdenoxide als eines von 19 Mineralien oder Materialien auf, von deren Import die Vereinigten Staaten zu 100 Prozent abhängig sind. Und genau dies entspricht nicht dem Anspruch einer Weltmacht. Zumal in diesem speziellen Fall die Vereinigten Staaten auch noch maßgeblich auf chinesische Produkte angewiesen sind. Ein Faktor, der die Abhängigkeit aus dem Selbstverständnis der Vereinigten Staaten heraus noch einmal verschlimmert.

Aber diese Abhängigkeit gilt nicht nur für die Vereinigten Staaten, sondern auch für Europa und damit auch für Deutschland.

So produziert China zurzeit mehr als 90 Prozent der SEO von geringer Qualität und bis zu 99 Prozent der SEO von hoher Qualität. Schon jetzt liegen aber Prognosen vor, wonach allein Asien im Jahr 2015 schon 100 Prozent der Weltproduktion verbrauchen könnte, falls es keine neuen Produktionsstätten geben sollte.

Noch extremere Positionen gehen sogar davon aus, dass China allein die komplette Weltproduktion verbrauchen könnte. Ohne neue Projekte in anderen Ländern würden wichtige Industriezweige

in den Vereinigten Staaten und bei uns in Deutschland am langen Arm verhungern.

Fast schon bedrohlich wird die Lage bei einem genaueren Blick auf das US-Militär: Für die Herstellung von Magneten, wie sie in vielen modernen Waffensystemen zum Einsatz kommen, ist die US-Armee zu 100 Prozent auf Importe von Seltenen Erden angewiesen.

Sollte es hier zu einem Lieferstopp kommen, der aber eher unwahrscheinlich ist, drohen massive Sicherheitsprobleme. Aber noch sind die Vereinigten Staaten drei Schritte von einer sicheren Versorgung ohne chinesischen Einfluss entfernt:

- Es gibt es derzeit in den Vereinigten Staaten keinen aktiven Seltenerdproduzenten.
- Es gibt in den Vereinigten Staaten keine Raffineriemöglichkeiten für schwere Seltene Erden.
- Es gibt in den Vereinigten Staaten keine aktiven Produktionsmöglichkeiten für Legierungen mit schweren Seltenen Erden.

Und auch wenn man es bei dieser angespannte Versorgungslage kaum glauben kann: In den Vereinigten Staaten gibt es für diese Metalle keine strategische Reserve. Und das, obwohl die erfolgreiche Verteidigung der Vereinigten Staaten und damit die Sicherheit der amerikanischen Bevölkerung von diesen Produkten abhängt.

WIE KONNTE ES DAZU KOMMEN?

Im Jahr 1986 hat die chinesische Regierung unter dem Namen „Programm-863" die Seltenen Erden auf die Liste nationaler Prioritäten mit höchster Geheimhaltungsstufe gesetzt. 1992 teilte dann der Premierminister Deng Xiaoping der Welt verwegen mit: „Der Nahe Osten hat Öl, China besitzt Seltene Erden."

Aufgrund der massiv ausgebauten Kapazitäten in China war die bis in die 1980er-Jahre hinein führende Mountain-Pass-Mine 1997 gezwungen, die Produktion erst einmal zu unterbrechen. Im Jahr

2002 wurde die Produktion dann komplett eingestellt. Damit verlor der Weltmarkt aufgrund des wachsenden Preisdrucks von chinesischer Seite und des ökologischen Drucks des Staates Kalifornien die Basis für die Fortsetzung der Produktion. Und dann folgte im

Chinas Einstieg in den Markt

Zu den Pionieren bei der Entwicklung von Hochleistungsmagneten gehörte die GM-Tochter Magnaquench. Mit ihren neu entwickelten Neodym-Eisen-Bor-Magneten war es möglich, die Baugröße von Mobiltelefonen deutlich zu verkleinern. Zudem sind sie ein wichtiger Bestandteil von Elektromotoren. Die Entwicklung geht auf das Jahr 1982 zurück, als auf der einen Seite der japanische Technologiekonzern Hitachi und auf der anderen Seite General Motors die ersten Magnete entwickelten. Ab 1986 wurde diese neue Technologie dann auch kommerziell eingesetzt.

Eine erste wichtige Anwendung war der militärische Bereich. So wurden die Magnete in Bomben im Irak-Krieg eingesetzt. General Motors war damals ohne Frage die treibende Kraft im aufkommenden Markt für Batterien, die in Elektroautos eingesetzt werden. Der US-Konzern perfektionierte die Technologie, die später auch im Toyota Prius zum Einsatz kam. Wie Marktexperte James Dines aber anmerkt, glaubte GM damals gar nicht an den Erfolg der Technologie. Dennoch nahm Magnaquench auch in anderen Bereichen wie dem Einsatz in Servermotoren und für gesteuerte Bomben und Raketen eine Monopolstellung ein.

Und dann wurde dieses Tochterunternehmen 1995 an die Sextant Group veräußert. Diese Investorengruppe wurde von Archibald Cox Jr. geführt. Im Nachhinein stellte sich heraus, dass Cox Jr. nur eine Marionette für chinesische Investoren war, zu denen auch Verwandte von Deng Xiao Ping gehörten. Diese chinesischen Investoren im Hintergrund waren erst kurz vorher zu einer Strafe von 1,5 Millionen USD verurteilt worden. Diese Strafe hatte die United States International Trade Comission für Industriespionage und Patentrechtsverletzung ausgesprochen.

Dines bezeichnet den Coup rückblickend als Verbrechen: „Im Grunde kann man das mit dem Diebstahl von Seidenraupen durch Marco Polo vergleichen." Er ist der Ansicht, dass das Geschäft unter falschen Voraussetzungen zustande kam und von „inkompetenten Politikern" nicht gestoppt wurde.

Cox Jr. wiederum hatte beim Kauf des Unternehmens versprochen, weiter zu investieren und das Unternehmen fünf Jahre weiter zu betreiben. Das hielt er auch ein. Aber am 15. September 2004 wurde Magnaquench geschlossen und die 450 Mitarbeiter entlassen. Danach wurde die Fabrik in Teile zerlegt, nach China verschifft und dort wieder aufgebaut. Auf diese Art sicherte sich China das Monopol für Hochleistungsmagnete. Und dieser Transfer hatte für die Vereinigten Staaten gewaltige Konsequenzen. So gibt es heute nur noch 500 Arbeitsplätze in diesem Bereich. In den 1990er-Jahren waren es in der Spitze über 6.000. Dieser Coup war der bislang letzte wichtige Schritt der Strategie Chinas. In weniger als 30 Jahren hatte sich China zum monopolistischen Anbieter für Seltene Erden entwickelt, und das mit Hilfe aus dem Westen. Man könnte das auch etwas freundlicher formulieren: ohne aktiven Widerstand des Westens.

Jahr 2003 ein Schritt, der fast unglaublich erscheint: China erwarb die größte amerikanische Anlage zur Herstellung von Seltenerdmagneten. Diese Anlage wurde dann geschlossen und nach China verlegt. Zum erworbenen „Schatz" gehörten auch noch die Patentbestände der Produktionsstätte.

Fakt ist, dass China nun seit einigen Jahren den Weltmarkt beherrscht und diese Rolle auch genießt. Die Freude auf chinesischer Seite ist verständlich, denn noch ist der Triumph nahezu vollkommen.

Das verdeutlicht ein Blick auf den Produktionsstatus der Vereinigten Staaten:

- Zurzeit gibt es keine aktive Seltene-Erden-Mine in den Vereinigten Staaten.
- Es gibt dort aber zwei zugelassene Seltene-Erden-Minen von Weltformat.
- Doch wegen der massiven Auswirkungen der Finanzkrise haben die Banken ihr Kapital von einem der beiden Projekte abgezogen. Das andere Projekt, die Mountain-Pass-Mine in Kalifornien, steht immerhin in der Phase der Produktionsvorbereitung. Der Start der Förderung ist frühestens für Ende 2012 vorgesehen. Das liegt auch daran, dass noch einige Genehmigungen für den Betrieb der Mine ausstehen.

Im Bereich der Raffineriemöglichkeiten stellt sich das Bild wie folgt dar:

Momentan gibt es nicht nur in den Vereinigten Staaten sondern in ganz Nordamerika keine aktiven Raffinerien für Seltene Erden. Das hat zur Folge, dass schwere Seltenerdoxide, die in den Vereinigten Staaten abgebaut wurden, nach Übersee verkauft werden, um dort raffiniert beziehungsweise im elementaren Bereich oder im Bereich der Legierungen weiterverarbeitet zu werden. Der Aufbau einer moderne Seltene-Erden-Raffinerie würde eine Milliarde US-Dollar kosten. Dieser Wert bezieht sich auf eine Jahreskapazität von 20.000 Tonnen.

KAPITEL

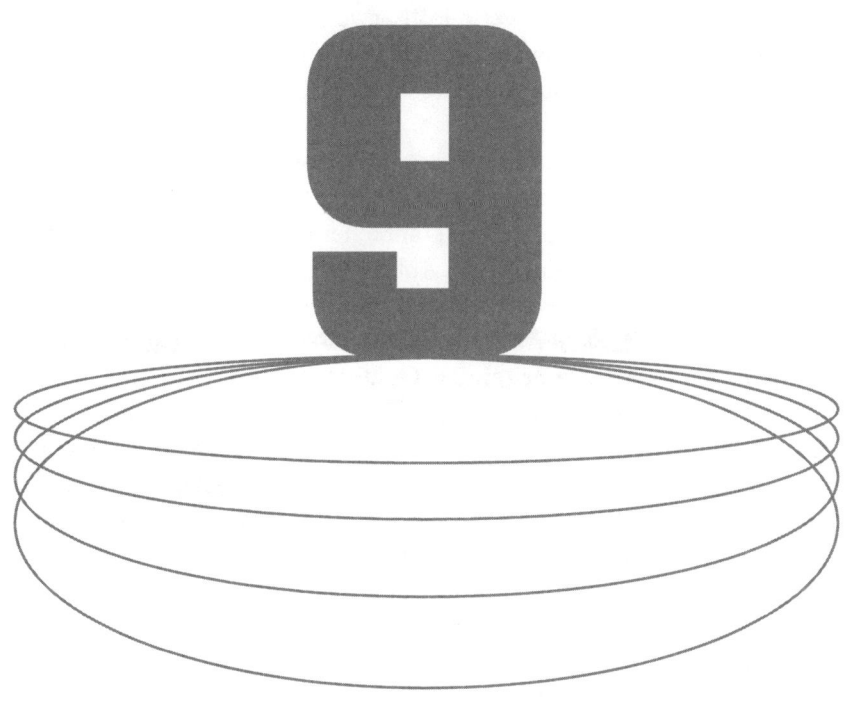

9

STICHWORT
RESSOURCENKNAPPHEIT

SELTENE
ERDEN

Beim Thema Rohstoffe kommt man grundsätzlich um den Aspekt der Rohstoffknappheit nicht herum. Im Segment der Seltenen Erden unterteilt sie sich in drei Aspekte.

Da ist zunächst die absolute Rohstoffknappheit. Hier geht es um die Erschöpfung der geologischen Ressourcen. Dies ist jedoch eher ein mittelfristiges Problem. Bislang werden durch verstärkte Aktivitäten und durch den Einsatz neuer Technologien immer noch zahlreiche neue Vorkommen entdeckt. Das gilt für sehr viele Rohstoffe. Beim Öl werden beispielsweise mittlerweile unkonventionelle Vorkommen in Nordamerika erschlossen, bei denen die Horizontalbohrtechnik zum Einsatz kommt, die es vor zehn bis 15 Jahren überhaupt noch nicht gegeben hat.

Aber bei den geologischen Ressourcen ergeben sich grundlegende Probleme. Man könnte hier genauer von einer Verschlechterung der natürlichen Ressourcenbasis sprechen. Damit sind geringere Erzgehalte oder kompliziertere Abbaubedingungen gemeint. Das trifft für viele neuentdeckte Goldvorkommen zu. Hier werden inzwischen auch Goldgehalte von unter einem Gramm pro Tonne wirtschaftlich genutzt. Bei einem Goldpreis von deutlich mehr als 1.000 US-Dollar pro Feinunze lohnt sich eben auch der Abbau solcher Erze, und die beteiligten Firmen verdienen auch daran noch sehr viel Geld. Es ist einfach so, dass die hohen Erzgehalte beim Gold und die einfach zu fördernden Vorkommen mittlerweile erschlossen sind. Große neue Vorkommen mit Ressourcen von mehr als fünf Millionen Unzen bilden ganz klar die Ausnahme.

Hier spielen die höheren Kosten für den Abbau eine wichtige Rolle. Gleichzeitig behindern auch immer stärkere Umweltauflagen den Aufbau neuer Minen. Das gilt nicht nur für Industrieländer, sondern auch für aufstrebende Nationen wie Indien und China. Sicherlich hat der Umweltschutz in diesen Ländern noch nicht den gleichen Stellenwert wie bei uns. Aber im Hinblick auf die internationale Wettbewerbsfähigkeit ist dies ein Aspekt, der in den kommenden Jahren immer mehr an Bedeutung gewinnen wird.

Auf der zweiten Ebene gibt es eine temporäre Rohstoffknappheit. Hier geht es um das Ungleichgewicht von Angebot und Nachfrage.

Dies konnte man in den vergangenen Jahren immer wieder beobachten. So sackten mitten in der Finanzkrise 2008 die Preise für bestimmte Rohstoffe extrem ab. Ein Beispiel dafür war Nickel. Ein Grund dafür war die deutlich wegbrechende Nachfrage, weil Nickel bei der Stahlherstellung nicht mehr so stark benötigt wurde.

In der Folge sank der Preis so heftig ab, dass sehr viele Minen ihr Nickel nur noch unterhalb der Förderkosten am Markt verkaufen konnten. Hier war das klassische Gefüge von Angebot und Nachfrage aus dem Gleichgewicht geraten. In der Folge reagierten einige Produzenten mit der Stilllegung von Minenkapazitäten. Eine völlig logische Reaktion, und wie es nicht anders zu erwarten war, kletterte der Preis auch bald schon wieder, als das Angebot künstlich verknappt wurde.

Klar ist: Gerät das klassische Modell aus dem Gleichgewicht, müssen die Marktteilnehmer mit großen Preissprüngen rechnen. Dies konnte man im Sommer 2010 bei den Seltenen Erden beobachten. Die Ankündigung deutlicher Kürzungen der Exportquoten durch die chinesische Seite führte bei den begehrten Rohstoffen fast über Nacht zu extremen Preissprüngen. Aber solche kurzzeitigen Verwerfungen werden am Markt innerhalb kurzer Zeit wieder kompensiert, und dann stellt sich wieder ein gewisses Gleichgewicht ein.

Der dritte Aspekt der Ressourcenknappheit ist von struktureller Natur und damit nur schwer über Nacht aus der Welt zu schaffen. Ein entscheidendes Stichwort in diesem Zusammenhang lautet „Koppelproduktion". Und bei den Technologiemetallen ist dies von großer Bedeutung. So werden Technologiemetalle wie Indium oder Rhodium kaum eigenständig produziert. In den meisten Fällen fallen diese Rohstoffe als Beiprodukt von Industriemetallen an.

Wird nun die Produktion im Bereich der Industriemetalle gedrosselt, fallen automatisch geringere Mengen der Technologiemetalle an. Da der Anteil der Technologiemetalle eher niedrig ist, helfen selbst stark steigende Preise bei diesen Rohstoffen der Knappheit nicht ab.

Eine mögliche Lösung ist in diesem Zusammenhang die Substitution. Darunter versteht man den Einsatz eines anderen Rohstoffs

mit den gleichen Eigenschaften. In manchen Bereichen geht das. Aber zumeist scheitert es daran, dass viele Metalle mit gleichartigen Eigenschaften auch zur gleichen Metallfamilie gehören und somit in der Natur zumeist zusammen vorkommen.

Einen weiteren Lösungsansatz, um der Ressourcenknappheit zu entkommen, bietet das Recycling. Diesen Aspekt werden wir im nächsten Kapitel genauer beleuchten.

KAPITEL

10

RECYCLING – EINE NEUE
VERSORGUNGSQUELLE?

Wenn es Engpässe in der Primärproduktion gibt, etabliert sich in vielen Sektoren das Recycling als wichtige Rohstoffquelle. Speziell beim Einsatz von Gold und Silber in der Elektronikbranche ist dies mittlerweile ein wichtiger Zweig.

Laut Angaben von Umicore, einem der großen Anbieter der Branche, geht es bei diesem auch „Urban Mining" genannten Prozess um große Rohstoffmengen. Ein Beispiel dafür ist Silber. In den beiden Jahren 2008 und 2009 wurden weltweit rund 31 Tonnen Silber für Mobiltelefone verbraucht. Bei PCs und Laptops waren es 66 Tonnen. Das entsprach immerhin drei Prozent der weltweiten Minenproduktion in den beiden genannten Jahren.

Und der Wirkungsgrad ist beim richtigen Einsatz des Recyclings ganz schön hoch. Hier ist Gold ein gutes Beispiel. Sehr viele Minen werden mit einem Gehalt von fünf Gramm Gold je Tonne betrieben. Beim Recycling kommt man aber bei bestimmten PC-Leiterplatten auf bis zu 220 Gramm je Tonne. Autokatalysatoren enthalten sogar bis zu 2.000 Gramm je Tonne an Metallen aus der begehrten Platingruppe.

Allerdings ist das Recycling von Elektronikbauteilen nicht mit dem üblichen Müll-Recycling zu vergleichen. Beim herkömmlichen Vorgang liegt der Schwerpunkt auf Masse und Kosten. Das gilt für Glas oder Kunststoffe. Beim Elektronik-Recycling stehen hingegen der Wert und die Gewinnung von Spurenelementen im Vordergrund. Dazu sind auch sehr viel komplexere Prozesse nötig, die nur durch metallurgische Hightech-Verfahren umsetzbar sind.

Wie der Name „Spurenelemente" aber schon nahelegt, kommen viele der begehrten Metalle in den Anwendungen nur in sehr kleinen Mengen vor. Pro Mobiltelefon werden circa 250 mg Silber und 24 mg Gold benötigt. Zusätzlich sind dem Recycling thermodynamische Grenzen gesetzt. Bestimmte Stoffe wie beispielsweise Tantal und Seltene Erden lassen sich nur sehr schwer aus den bestehenden Verbindungen lösen. Umicore fasst das so zusammen: „Die Naturgesetze lassen sich nicht überlisten."

Hinzu kommt folgender Aspekt: Es existieren nur sehr wenige Firmen, die das Recycling von Technologiemetallen durchführen

können. So gibt es in ganz Europa nur drei Marktteilnehmer, den Marktführer Umicore eingerechnet. Dieser betreibt im Antwerpencr Stadtteil Hoboken eine integrierte Metallhütte. Dort werden pro Jahr rund 300.000 Tonnen edelmetallhaltiges Sekundärmaterial verarbeitet. Schon 2007 lag der recycelte Metallwert nach Angaben von Umicore bei drei Milliarden US-Dollar. Seitdem sind jedoch die Weltmarktpreise kräftig gestiegen.

Zwar gelingt dort auch das Recycling von Seltenen Erden. Aber im Hinblick auf den Weltmarkt steckt dieser Ansatz noch am Anfang und kann auch nur begrenzt ausgebaut werden. Wenn die Preise weiter steigen, werden sicher einige Recyclingtechnologien zur Marktreife gelangen und zum Einsatz kommen.

KAPITEL

11

SELTENE ERDEN
UND POLITIK

SELTENE

ERDEN

Rohstoffsicherheit spielte in der Politik lange Zeit nur eine untergeordnete Rolle. Doch das hat sich in den vergangenen Jahren geändert. 2010 könnte dabei in der Rückschau ein Wendejahr gewesen sein. In jenem Jahr tauchten die Seltenen Erden erstmals in der medialen Öffentlichkeit auf. Zwar wissen auch jetzt immer noch sehr viele Bundesbürger nicht, wofür genau diese komisch klingenden Rohstoffe eingesetzt werden. Aber es ist immerhin schon bekannt, dass ohne Neodym oder Dysprosium bestimmte Hightech-Bauteile überhaupt nicht gefertigt werden können.

Schon im Juli 2010 erklärte Bundeswirtschaftsminister Rainer Brüderle (FDP) in seiner Regierungserklärung:

„Rohstoffsicherung wird ein Mega-Thema der nächsten Jahre. Die großen Aktivitäten der Investmentbanken auf diesem Feld geben dafür erste Hinweise. In zwölf Monaten haben sich die Preise für Eisenerz mehr als verdoppelt. Uns muss es darum gehen, dass Deutschland weiterhin verlässlich und kostengünstig mit Rohstoffen versorgt wird. Klar ist: Der Staat wird nicht selbst in den Markt eingreifen und etwa Rohstoffe einkaufen. Wir helfen dort, wo die Kooperation von Wirtschaft und Politik einen Mehrwert bringt."

Aber bei diesem Thema besteht noch sehr viel Aufklärungsbedarf. Das sieht auch der CDU-Fraktionsvorsitzende Volker Kauder so: „Offensichtlich nehmen doch immer mehr Menschen wahr, dass die Frage der Rohstoffversorgung zu einer zentralen, ja zu einer existenziellen Frage geworden ist. Noch vor einigen Jahren galt die gängige Faustregel, dass 20 Prozent der Menschen 80 Prozent der Rohstoffe für sich verbrauchen. Das ist heute grundlegend anders geworden. Und von vielen zunächst unbemerkt, hat sich vor allem ein Land dieser Frage mit besonderer Nachhaltigkeit gewidmet, und das ist China. Zunächst einmal ist es gar nicht groß aufgefallen, dass China sich auch in Afrika gemeldet hat, und jeder dachte, China macht nun auch in der Entwicklungshilfe mit und hat auch dort seine Interessen. Bis deutlich wurde, dass seine Interessen vor allem darin liegen, sich die Rohstoffvorräte, die in Afrika reichlich vorhanden sind, zu sichern."

In Deutschland ist das zum Beispiel für die Windenergiebranche eine große Herausforderung. Aber auch andere Wirtschaftszweige stehen vor Innovationen. So erklärte Dr. Andreas Gontermann vom Zentralverband Elektrotechnik- und Elektronikindustrie (ZVEI) im Herbst 2010: „Ganz große Verwerfungen bei den deutschen Herstellern elektrotechnischer und elektronischer Produkte und Systeme sind bislang ausgeblieben. Perspektivisch könnten allerdings durchaus große Herausforderungen anstehen, denn allein ein Drittel der Materialkosten in der Elektroindustrie entfallen heute auf den Bezug von Rohstoffen. Eine Verknappung des Angebots an Seltenen Erden könnte die Wettbewerbsfähigkeit der deutschen Elektrounternehmen entsprechend durch steigende Rohstoffkosten beeinträchtigen, der Produktionsprozess könnte durch fehlende Ressourcen ins Stocken geraten und im Extremfall könnten ganze Wertschöpfungsketten reißen. Entsprechend groß ist der Druck, die Produktivität zusätzlich zu steigern, die Prozesse immer weiter zu optimieren und noch mehr technologische Innovationen auf den Weg zu bringen."

An die Politik gerichtet sagte Dr. Gontermann: „Im Rahmen einer (auf europäischer Ebene abzustimmenden) Rohstoffdiplomatie beziehungsweise -strategie muss die Bundesregierung dabei helfen, Protektionismus und Wettbewerbsverzerrungen entgegenzuwirken, den Freihandel zu fördern und einen funktionierenden Wettbewerb auf den Rohstoffmärkten sicherzustellen."

Das Schreckgespenst heißt dabei Rohstoff-Kartell: „Es gibt die Gefahr, dass wir eine Eisenerz-OPEC oder Seltene-Erden-OPEC bekommen", warnte Bundeswirtschaftsminister Rainer Brüderle (FDP) während eines Besuchs in Kanada im Herbst 2010. Die schon jetzt dominierende Stellung Chinas bei den Seltenen Erden könnte sich in den nächsten Jahren noch deutlich verschärfen.

Hier spielen die Exportquoten eine ganz wichtige Rolle. Mittlerweile sieht es so aus, also ob China fast die gesamte eigene Produktion an Seltenen Erden auch im eigenen Land verbrauchen kann. Stehen wir also vor einem kompletten Exportstopp für bestimmte Rohstoffe, der die westliche Welt dann vor massive Probleme stellen würde?

So dramatisch schätzt der US-Marktexperte John Kaiser die Situation nicht ein: „Auch China muss sich an lang laufende Lieferverträge halten." Er erwartet keine dramatische Veränderung der chinesischen Liefermengen. Dennoch wird es in den nächsten Jahren zu einer angespannten Situation bei bestimmten Seltenen Erden kommen. „Das liegt dann aber an den immer größeren Anwendungsgebieten dieser begehrten Rohstoffe", ergänzt John Kaiser. Für die Vorbereitung zu diesem Buch trafen die Autoren John Kaiser auf der Hard Asset Conference Ende November 2010 in San Francisco.

Zur konkreten Verbesserung der Versorgungssituation in Deutschland hat Wirtschaftsminister Brüderle der Industrie vorgeschlagen, sich bei der weltweiten Beschaffung von Rohstoffen und beim Erwerb von Minenrechten zusammenzutun. Das Ganze soll unter dem Dach der Deutschen Rohstoffagentur zusammengefasst werden.

Zur neuen nationalen Rohstoffagentur sagte Dr. Gontermann: „Der ZVEI unterstützt ausdrücklich den Ausbau der Bundesanstalt für Rohstoffe und Geowissenschaften [sic!] (BGR) zu einer nationalen Rohstoffagentur. Hierdurch können mehr Markttransparenz geschaffen und auf der Grundlage wissenschaftlicher Erkenntnisse und aktueller Marktanalysen neue konzeptionelle rohstoffwirtschaftliche Ansätze entwickelt werden."

Aber schon vor der Gründung der nationalen Agentur schränkte Brüderle gleich die Wirkung ein. So könne der deutsche Staat bei der Rohstoffsicherung zwar mit politischen Kontakten und notfalls bei der Finanzierung helfen. „Grundsätzlich ist dies aber Sache der Firmen selbst", so Brüderle weiter.

Dennoch könnte eine Rohstoffagentur helfen. Dazu Peter Buchholz, Leiter des Bereichs Rohstoffwirtschaft in der BGR: „Es gibt ja sehr, sehr viele Unternehmen in Deutschland, gerade im kleinen und mittelständischen Bereich, die sich ein aufwendiges Rohstoff-Informationssystem nicht leisten können. Da ist ein Anruf bei der Rohstoffagentur des BGR sicherlich sehr, sehr hilfreich, um hier weiter in die strategische Planung eines Unternehmens hineinzugehen."

Dass die Zeit drängt, untermauert auch eine Aussage des Bundesverbandes der Deutschen Industrie (BDI), der das Thema Rohstoffe auf die Agenda der G20 setzen möchte. Dazu sagte BDI-

Geschäftsführer Werner Schnappauf: „In manchen Unternehmen gibt es bereits echte Probleme mit der Verfügbarkeit."

Aber die Wichtigkeit der Versorgungssicherheit wurde auch schon auf EU-Ebene erkannt. Die Rohstoffexperten der EU haben eine Liste mit 14 „potenziell kritischen Metallen" veröffentlicht.

EU zu kritischen Metallen

Schon im Sommer 2010 läutete die EU die Alarmglocken hinsichtlich der sicheren Versorgung mit den kritischen Metallen. Vonseiten der EU sind insgesamt 14 kritische Rohstoffe ausgemacht worden, zu denen auch die Seltenen Erden gehören.

Von insgesamt 41 Mineralien und Metallen, die von der EU analysiert wurden, stufen die Experten nun 14 als kritisch ein. Im Einzelnen sind das: Antimon, Beryllium, Kobalt, Flussspat, Gallium, Germanium, Grafit, Indium, Magnesium, Niob, Metalle der Platingruppe, Seltene Erden, Tantal und Wolfram.

Ein entscheidender Faktor, warum speziell bei diesen Rohstoffen mit Lieferengpässen zu rechnen ist, liegt darin, dass die Produktionsschwerpunkte für diese Mineralien und Metalle nur auf vier Länder verteilt sind. Im Einzelnen sind das Brasilien, China, Kongo und Russland.

Eine Schlussfolgerung der Studie: Die Märkte für diese Rohstoffe könnten in den nächsten Jahren sehr volatil sein. Das wird auch daran liegen, dass „es in den kommenden Jahren eine deutlich anziehende Nachfrage geben wird, die die Preise weiter antreibt."

So sieht es bei der Galliumnachfrage im Hinblick auf das Jahr 2030 fast schon dramatisch aus. Es gibt Schätzungen über einen möglichen Einsatz in Hightech-Produkten von rund 600 Tonnen. Derzeit werden weltweit aber nur 152 Tonnen produziert. Ähnlich angespannt stellt sich die Lage bei Neodym dar. So könnte die Nachfrage bis zum Jahr 2030 durch viele neue Anwendungen auf annähernd 28.000 Tonnen steigen. Zurzeit liegt die weltweite Produktion aber nur bei 16.800 Tonnen.

Eine Empfehlung der EU liegt darin, die Anstrengungen beim Recycling der kritischen Metalle weiter voranzutreiben. Zudem soll es bei der Entwicklung neuer Produkte auch darum gehen, Anwendungen zu entwickeln, die mit weniger kritischen Metallen auskommen. Im besten Fall soll es dann sogar möglich sein, diese kritischen Metalle durch andere Rohstoffe zu ersetzen.

Eine weitere Herausforderung sieht die EU auch in der Verschärfung des Handels mit diesen Metallen. Wie die Exportkürzungen Chinas schon gezeigt haben, kann es passieren, dass Länder ihre eigenen Reserven schützen. Dieser Schaden für den Weltmarkt muss nach Ansicht der EU verhindert werden. „Wir benötigen einen fairen Handel auf den Märkten für diese Metalle", heißt es dazu in der Studie.

„Unser Ziel ist es, dafür zu sorgen, dass die Industrie in Europa weiter dazu in der Lage ist, ihre führende Rolle bei der Entwicklung neuer Technologien zu spielen. Daher müssen wir für eine sichere Versorgung mit diesen kritischen Metallen sorgen", heißt es in der Studie weiter. Zur Umsetzung dieses Ziels soll die EU auch direkte Initiativen mit der Welthandels-Organisation (WTO) anstreben.

Etwas überspitzt formuliert kann man sagen, dass es einen Wettlauf um Rohstoffvorkommen auf der Welt gibt. Dabei muss der Fokus weg von den bekannten Rohstoffen hin zu den exotischen Rohstoffen wie eben den Seltenen Erden gehen. „Also, wir sprechen ja immer in der Öffentlichkeit sehr angespannt darüber, wie lange reicht das Öl, und machen uns darüber große Sorgen. Die Situation ist jedoch bei vielen dieser kleinen Rohstoffe, die man gar nicht so kennt, eigentlich sehr viel ernster als bei dem großen und heiß diskutierten Thema Öl", sagt Hubertus Bardt vom Institut der Deutschen Wirtschaft in Köln.

Bei Öl, dem Schmierstoff der Weltwirtschaft, gibt es schon seit Längerem Diskussionen über die Reichweite der weltweiten Reserven. Immer mehr Anhänger findet dabei die Peak-Oil-Theorie. Sie besagt, dass die weltweiten Fördermengen nach einem Produktionshöhepunkt immer weiter zurückgehen werden.

Viele Experten dieser Denkrichtung sind sich nur noch nicht sicher, ob dieser Höhepunkt schon erreicht ist oder nicht. Der 2010 verstorbene US-Ölexperte Matthew Simmons war einer der wichtigsten Vertreter dieser Theorie. In seinem Buch „Wenn der Wüste das Öl ausgeht" schildert er sehr detailliert die Rolle Saudi-Arabiens für den weltweiten Ölmarkt.

Und hier bietet es sich an, Parallelen zur Lage auf dem Weltmarkt für Seltene Erden zu ziehen: Die Ölländer am Golf werden bei den Seltenen Erden von nur einem Land repräsentiert: China. Und dieses Land hat eine deutlich stärkere Marktstellung bei den Seltenen Erden, als sie die arabischen Länder beim Öl jemals hatten.

In dieser starken Marktstellung liegt eine Gefahr. Sie fördert den Protektionismus der Förderländer: „Wir müssen lernen, international Rohstoffe weiterhin als handelbare Güter und nicht als politische Güter zu betrachten. Also es muss darum gehen, dass man Rohstoffe fördern kann, dass man in Länder, die Rohstoffe haben, investieren kann, um sie dann auch zu fördern, und dass man sie dann auch exportieren kann. Wir brauchen hier freie Märkte, wir brauchen hier Handelsabkommen, hier ist Europa gefragt, hier ist letztlich auch die WTO gefordert. Das ist meines Erachtens die größte Bedrohung", so Hubertus Bardt.

Schon jetzt hat sich der Kampf um die Rohstoffe zu einem Kampf der politischen Systeme entwickelt: auf der einen Seite der westlich geprägte Kapitalismus und auf der anderen Seite der zentral gesteuerte Staatskapitalismus, wie man ihn vornehmlich aus China kennt.

Und der Rohstoffhunger der Chinesen ist noch lange nicht gestillt. Das Riesenreich wächst mit großen Schritten weiter. Immerhin liegt China jetzt schon auf Platz 3 der größten Volkswirtschaften der Welt. Und dennoch expandiert die chinesische Wirtschaft immer noch mit mehr als neun Prozent pro Jahr.

Bezüglich der Rohstoffe verdeutlichen die folgenden Beispiele die extrem wichtige Position des Landes: So ist China schon heute der zweitgrößte Ölverbraucher der Welt. Fast die Hälfte der gesamten weltweiten Stahlproduktion stammt derzeit aus China. Beim Kohleverbrauch ist China unangefochten die globale Nummer eins.

Und dieses Wachstum wird sich weiter fortsetzen, genauso wie die Verschiebung weg von den Vereinigten Staaten hin zu China. Der Stahlsektor ist dafür ein gutes Beispiel. Direkt nach dem Zweiten Weltkrieg waren die Vereinigten Staaten der größte Stahlproduzent der Welt. Der Weltmarktanteil lag 1948 bei enormen 57 Prozent. Die Menge des produzierten Stahls lag damals weltweit jedoch nur bei 141 Millionen Tonnen.

2009 hingegen wurden auf der ganzen Welt rund 1,1 Milliarden Tonnen Stahl produziert. Der chinesische Anteil daran lag bei 550 Millionen Tonnen – was exakt einem Marktanteil von 50 Prozent entsprach. Zum Vergleich: Die US-Stahlproduktion lag 2009 bei 92 Millionen Tonnen und der Weltmarktanteil betrug nur noch 8,4 Prozent.

Noch deutlicher wird der enorme Aufstieg Chinas beim Blick auf die langfristige Entwicklung. Im gesamten 20. Jahrhundert haben die Vereinigten Staaten rund sieben Milliarden Tonnen Stahl produziert. Auch jetzt, im 21. Jahrhundert, bringen es die Vereinigten Staaten immer noch auf knapp eine Milliarde Tonnen pro Jahrzehnt. Doch China hat allein seit der Jahrtausendwende bis einschließlich 2009 schon zwei Milliarden Tonnen Stahl produziert.

Wenn die chinesische Stahlindustrie dieses Wachstumstempo einfach nur fortsetzt, dann wird China zum Ende des zweiten Jahrzehnts im 21. Jahrhundert so viel Stahl produziert haben wie die Vereinigten Staaten im Zeitraum von 1900 bis 2020. China wird also

in 20 Jahren eine Stahlproduktion schaffen, für die die Vereinigten Staaten 120 Jahre gebraucht haben.

Sollte China dieses Tempo sogar bis 2050 durchhalten, dann hätte es in nur 50 Jahren so viel Stahl produziert wie die Vereinigten Staaten in 150 Jahren. Wenn also die Stahlproduktion ein Barometer für den wirtschaftlichen Erfolg eines Landes ist, dann wird China ohne Frage zur dominierenden weltweiten Wirtschaftsmacht aufsteigen und die Vereinigten Staaten überholen.

Und in dieser Position ist China dann auch auf Importe von Seltenen Erden angewiesen, denn bis dahin werden die eigenen Vorkommen nicht mehr für die stark gestiegene Nachfrage ausreichen. Das gilt vor allem für die begehrten schweren Seltenen Erden.

Geht die chinesische Ära zu Ende?

KAPITEL

12

SELTENE ERDEN BIS
ZUM JAHR 2015

ERDEN

Der starke Einfluss Chinas auf den Markt für Seltene Erden hat in den vergangenen Jahren die Bemühungen verstärkt, neue Vorkommen außerhalb des asiatischen Boomlandes zu entdecken. Und diese Suche war erfolgreich. Immerhin gibt es derzeit zwölf Projekte, die man in der Kategorie „fortgeschritten" zusammenfassen kann und die sich außerhalb von China befinden. Nähere Infos zu den einzelnen Projekten und den beteiligten Firmen gibt es in Kapitel 14.2.

Aber dennoch gilt weiterhin: China wird bis zum Start von neuen Minen die dominierende Rolle behalten. Damit liegen einige Jahre vor uns, in denen die Seltenen Erden auf jeden Fall auch aus politischer Sicht interessant sein werden. Trotzdem ist klar, dass die chinesische Ära in spätestens zehn Jahren zu Ende gehen wird.

TABELLE 5:
CHINAS EXPORTQUOTEN VON 2005 BIS 2010
(IN TAUSEND TONNEN)

SELTENE-ERDEN-QUOTEN					
JAHR	EINHEIMISCHE FIRMEN	AUSLÄNDISCHE FIRMEN	GESAMT	VERÄN-DERUNG IN %	REST DER WELT – NACHFRAGE
2005	48,04	17,66	65,61	0,00	46,00
2006	45,75	16,07	61,82	-6,00	50,00
2007	43,57	16,07	59,64	-4,00	50,00
2008	40,99	15,83	56,94	-5,50	50,00
2009	33,30	16,84	50,15	-12,00	25,00
2010	22,51	7,75	30,26	-40,00	48,00

Bis dahin wird die Regierung in Peking versuchen, die eigene Stärke so lange wie möglich auszuspielen. Das bietet sich auch an, denn
China kontrolliert den Weltmarkt zu mehr als 95 Prozent. Das hat
schon in den vergangenen Jahren dazu geführt, dass China die Exportquoten gekürzt hat. Dieser Prozess wurde von der Öffentlichkeit erst 2009 erkannt. Fakt ist aber, dass China schon seit 2006 die
Exportquoten langsam verringert hat. Dabei fielen die Rückgänge in
den Jahren 2006 mit sechs Prozent und 2007 mit nur vier Prozent
allerdings noch nicht so groß aus.

Doch 2009 gab es dann einen großen Schnitt: Im weltweiten Krisenjahr senkte China die Exportquote um zwölf Prozent auf nur
noch 50.145 Tonnen. 2010 ging es dann weiter deutlich nach unten.

TABELLE 6:
MÖGLICHE ENTWICKLUNG DER WELTWEITEN PRODUKTION
VON SELTENEN ERDEN (IN TONNEN)

MÖGLICHE PRODUKTION	2010	2011	2012	2013	2014	2015
Lanthan	34.983	38.630	48.011	48.971	52.848	56.655
Cer	66.542	72.781	88.980	90.759	98.702	104.876
Praseodym	7.540	8.250	9.760	9.955	10.886	11.523
Neodym	22.428	24.819	29.424	30.012	33.208	35.162
Samarium	2.163	3.471	3.885	3.963	4.491	4.740
Europium	239	290	340	347	421	439
Terbium	250	263	284	290	345	372
Dysprosium	1.400	1.441	1.540	1.571	1.850	1.997
Summe	134.145	147.206	179.636	183.229	199.811	212.657

QUELLE: BYRON CAPITAL

Nun reden sehr viele Experten von einem unmittelbar bevorstehen Versorgungsengpass. Und als die Öffentlichkeit dieser Argumentation folgte, gab es bei den Aktien der Seltene-Erden-Firmen heftige Kurssprünge. Aber der entscheidende Faktor ist dabei der chinesische Markt. Ein Engpass könnte hier nur aufkommen, wenn die Chinesen den Export zum großen Teil einstellen würden. Aber danach sieht es nun wirklich nicht aus. Laut den australischen Experten von IMCOA ist China bis 2014 in der Lage, die eigene Produktion deutlich zu steigern. Das verdeutlicht auch die Tabelle auf Seite 136.

Den größten Anteil am chinesischen Produktionswachstum hat die Bayan-Obo-Mine, die schon heute die größte Mine der Welt ist. Dort wird es nach IMCOA-Schätzungen möglich sein, die Produktion von 55.000 bis 65.000 Tonnen im Jahr 2010 auf bis zu 80.000 bis 100.000 Tonnen im Jahr 2014 zu steigern. Zusammen mit anderen wichtigen Produktionsstandorten könnte China im Jahr 2014 auf eine Gesamtproduktion zwischen 160.000 und 170.000 Tonnen kommen. Dieser Wert liegt deutlich über der möglichen Nachfrage außerhalb Chinas, die von IMCOA für 2014 auf 140.000 bis 160.000 Tonnen geschätzt wird. Dabei ist an dieser Stelle noch zu beachten, dass es in China eine nennenswerte inoffizielle oder sogar illegale Produktion gibt. In den vergangenen Jahren hat sich diese inoffizielle Produktion im Durchschnitt pro Jahr auf 10.000 bis 20.000 Tonnen belaufen.

DIE GRÖSSTEN WACHSTUMSTREIBER BIS 2014

Aber wo wird es in den nächsten Jahren die größten Nachfragesprünge geben? Auch dazu haben sich Dudley J. Kingsnorth und seine IMCOA-Kollegen ihre Gedanken gemacht.

DIE LEICHTEN UND DIE SCHWEREN SELTENEN ERDEN

Nun ist es aber nicht so, dass die gesamte Gruppe der Seltenen Erden eine gleichstarke Bedeutung aufweist. Die schweren Seltenen Erden, etwa Dysprosium oder Terbium, sind sehr viel wertvoller als

Die Bayan-Obo-Mine

Dieses Bastnäsit-Vorkommen in der Inneren Mongolei ist die größte Seltenerdmine der Welt. Jedoch ist dabei zu beachten, dass die Seltenen Erden dort nur als Beiprodukt beim Abbau von Eisenerz anfallen. Laut Roskill lag das Produktionsvolumen dort im Jahr 2008 bei 66.000 Tonnen. Insgesamt liegt der Anteil der Seltenerdoxide (SEO) bei 3,9 Prozent und ist damit im Vergleich zu vielen neuen Vorkommen als hoch einzustufen.

So liegt der durchschnittliche Gehalt an SEO beim Nechalacho-Projekt von Avalon Rare Metals bei 1,5 Prozent. Das Kvanefjeld-Vorkommen von Greenland Minerals auf Grönland bringt es sogar nur auf einen Durchschnittswert von 1 Prozent. Nur die Mountain-Pass-Mine in Kalifornien, die von Molycorp Ende 2012 wieder in Produktion gebracht werden soll, liegt mit einem durchschnittlichen SEO-Anteil von 9,2 Prozent deutlich darüber.

Das Bayan-Obo-Vorkommen wurde 1927 als Einsenerzlagerstätte entdeckt. Das Vorhandensein von Seltenen Erden konnte dann 1935 nachgewiesen werden. Bei einer Größe von knapp 57 Millionen Tonnen Seltenen Erden lagern allein dort mehr als zwei Drittel der weltweit bekannten Reserven.

die anderen, weil sie tatsächlich selten sind. In großen Seltenerdvorkommen spielen die schweren Seltenen Erden oft nur eine untergeordnete Rolle.

Das zeigt auch die folgende Tabelle, in der verschiedene Vorkommen bezüglich der Größe und des Gehalts an den begehrten schweren Seltenen Erden verglichen werden. Daran ist erkennbar, dass das Nechalacho-Vorkommen von Avalon Rare Metals die größte

Ressource an schweren Seltenen Erden aufweist – und das sogar mit weitem Abstand.

Spannend ist auch, dass die Bayan-Obo-Mine in China zwar eine gigantische Ressource von mehr als 56 Millionen Tonnen SEO enthält. Aber durch den niedrigen Anteil der schweren Seltenen Erden von nur bei zwei Prozent ist das Vorkommen in diesem Segment im Vergleich zum Nechalacho-Projekt weniger als dreimal so groß.

Einen hohen Gehalt an schweren Seltenen Erden gibt es auch beim Kvanefjeld-Projekt in Grönland. Mit einem Wert von 14 Prozent kommt dieses ebenfalls große Vorkommen fast an den Wert von Avalons Vorzeigeprojekt heran. Aber hier ist zum jetzigen Zeitpunkt noch nicht klar, ob das Projekt überhaupt planmäßig in Produktion gehen kann. Die endgültigen Genehmigungen stehen noch aus. Dabei ergeben sich die Probleme für Greenland Minerals vor allem aus dem Urananteil des Vorkommens. Hierfür müssen besondere Auflagen erfüllt werden. Kann das Unternehmen dies nicht leisten, wird es auch mit der Erschließung des Gesamtprojekts schwierig.

Ein kritischer Erfolgsfaktor für neue Projekte sind die schweren Seltenen Erden auf jeden Fall. Denn bei den leichten Seltenen Erden hat China eine vorherrschende Marktstellung. Hier kann das asiatische Boomland seine Stärke ausnutzen und die Preise mehr oder weniger diktieren. Entscheidend ist wirklich der Blick auf die einzelnen Elemente.

Die entscheidende Frage lautet: Bei welchen Seltenen Erden stehen wir in den kommenden Jahren wohl vor einem Angebotsengpass? Auf diese sehr wichtige Frage gibt es eine Palette von Antworten:

Laut den australischen Experten von IMCOA stehen wir bei folgenden Seltenen Erden vor Engpässen in der Versorgung: Neodym, Terbium, Dysprosium, Erbium und Yttrium. Ein exakt ausgeglichenes Verhältnis von Angebot und Nachfrage erwarten die Experten bei Europium. Nimmt man die Anteile der eben genannten Elemente an der Gesamtproduktion, so ergibt sich ein Anteil von gut 26 Prozent am Gesamtmarkt, den IMCOA für das Jahr 2015 wie folgt sieht: Einer Nachfrage von ungefähr 197.000 Tonnen steht ein Angebot von rund 225.000 Tonnen gegenüber.

Auf den ersten Blick ist bei diesen Zahlen alles in Ordnung. Doch der genaue Blick auf die einzelnen Elemente zeigt deutlich, dass die Wahrscheinlichkeit für Engpässe sehr hoch ist. Dudley Kingsnorth von IMCOA verweist an dieser Stelle auf einen wichtigen Aspekt: „Das Angebot wird deutlich stärker steigen müssen als die Nachfrage. Nach unseren Berechnungen werden weltweit rund 225.000 Tonnen SEO gefördert werden müssen, um den Markt einigermaßen im Gleichgewicht halten zu können."

Für die einzelnen Staaten rechnet Kingsnorth mit folgender Verteilung: China wird 2015 wohl 175.000 Tonnen SEO im Jahr produzieren. Der Rest der Welt wird dann etwa auf 50.000 Tonnen kommen. Heute produzieren Indien und Russland 4.000 bis 8.000 Tonnen SEO.

Und selbst in der Prognose von Kingsnorth, in der das Angebot die Nachfrage um rund 15 Prozent übersteigt, erwartet er ein Angebotsdefizit bei den wichtigen Elementen Dysprosium, Terbium und Neodym. Für Neodym gibt es auch noch eine andere Prognose: Die Marktexperten von Roskill Information Services haben berechnet, dass das Defizit im Jahr 2014 bei 4.000 Tonnen liegen, aber auch auf bis zu 7.000 Tonnen steigen könnte.

Auf der anderen Seite wird es ein großes Angebot an leichten Seltenen Erden geben. Das gilt ganz speziell für Cer und Lanthan. Diese beiden Elemente sind in einigen großen Vorkommen besonders stark vorhanden. So liegt der Anteil dieser beiden Elemente am Mount-Weld-Vorkommen der Lynas Corporation im Westen Australiens bei 72 Prozent.

Bei Cer wird es wohl ganz klar zu einem deutlichen Angebotsüberhang kommen. Bei Lanthan stellt sich die Lage etwas anders dar. Hier könnte es einen Ausweg in Form von Lanthan-Nickel-Hybrid-Autobatterien geben. Schon in einigen Jahren könnten diese Batterien zu den Rivalen der Lithium-Ionen-Batterien aufsteigen und diesen den Platz in den immer beliebteren Hybrid-Fahrzeugen streitig machen.

Robert Mackay, Vorstandsvorsitzender von Stans Energy, brachte es in einem Interview mit dem Fachmagazin *Industrial Minerals* auf den Punkt: „Unter den 15 wichtigen Seltenerdprojekten auf der Welt schätzen wir, dass man mit fünf davon Geld verdienen kann, mit weiteren fünf kann man so gerade den Break-even erreichen, und bei den anderen fünf muss man erst noch einen Nutzen suchen."

Mackay hat dabei fünf Schlüsselelemente aus der Gruppe der Seltenen Erden definiert. Für ihn sind das Neodym, Europium, Terbium, Dysprosium und Yttrium. Bei allen Elementen gab es im Jahr 2010 einen starken Preisanstieg.

EXPERTENMEINUNGEN ZUM MARKT DER SELTENEN ERDEN

Für den kleinen Sektor der Seltenen Erden haben wir vornehmlich auf nordamerikanische Experten zurückgegriffen. Dort ist das Thema – auch in der Investmentszene – schon angekommen. In langen Gesprächen mit einigen Experten konnten die Autoren tiefe Einblicke in diesen ganz speziellen Sektor gewinnen.

Auf den folgenden Seiten stehen die verschiedenen Positionen zur weiteren Entwicklung des Marktes für Seltene Erden im Fokus. Es folgen nun Einschätzungen von David Trueman, James Dines und John Kaiser. Ein Interview mit dem US-Experten Jack Lifton finden Sie am Ende des Buches.

DAVID TRUEMAN: ES WIRD NUR WENIGE GEWINNER GEBEN

David Trueman kann ohne Übertreibung als einer der wichtigsten Experten der Branche bezeichnet werden. Immerhin ist er schon seit 1975 als Metallhändler in Toronto tätig. Zudem hat er in den vergangenen Jahren fast alle wichtigen Vorkommen von Seltenen Erden auch persönlich in Augenschein genommen.

Gleich vorweg: Von vielen kleineren Vorkommen und auch von den dazu gehörenden Aktien hält Trueman nicht viel. Seine einzige

Aktienempfehlung aus dem Sektor ist Avalon Rare Metals. Zu dieser Firma unterhält Trueman auch eine persönliche Beziehung. Immerhin hat er, wie man es auch im Vorwort von Avalon-CEO Don Bubar lesen konnte, dem Unternehmen schon 2004 den Kauf des Projekts Thor Lake nahegelegt.

Die Lagerstätte hat laut Trueman im Vergleich zur Konkurrenz zwei wichtige Vorteile: So ist die Metallurgie des Vorkommens schon sehr gut bekannt. Des Weiteren enthält das Vorkommen einen hohen Anteil an schweren Seltenen Erden. Auch das hebt Avalon Rare Metals also heraus. Trueman ist zudem von der Wiederinbetriebnahme der Mountain-Pass-Mine durch Molycorp und dem dadurch entstandenen Hype nur wenig beeindruckt: „Ich mag die Aktie von Molycorp nicht, denn bisher fehlt die Genehmigung für den Betrieb der Mine", sagte Trueman im Dezember 2010.

Auch zu Tantal hat Trueman eine klare Meinung. Viele neue Projekte hält er nicht für wirtschaftlich. Für die Tantalproduktion wird Königswasser benötigt. Diese hochreaktive Säure besteht aus drei Teilen konzentrierter Salzsäure und einem Teil konzentrierter Salpetersäure, und sie ist sehr teuer. Aus diesem Grund machen laut Trueman nur Vorkommen Sinn, die einen sehr hohen Tantalgehalt haben.

Das Gleiche gilt im Übrigen auch für Niobvorkommen. „Für beide Oxide ist daher ein Cut-Off-Grade von circa 20 Prozent nötig", so Trueman. In der Praxis heißt das: Mineralisierungen mit einem Tantal- oder Niobanteil, der deutlich unter 20 Prozent liegt, sind unter den aktuellen Marktbedingungen kaum wirtschaftlich zu betreiben. Daher sieht Trueman viele Explorer, die nur auf Mineralisierungen zwischen acht und neun Prozent kommen, sehr kritisch. In diesem Sektor gefallen Trueman die IAMGold-Projekte Niobec und Crevier in der kanadischen Provinz Quebec.

Doch zurück zu den Markteinschätzungen von David Trueman. Zur aktuellen Lage stellt er fest, dass 40 Prozent der Seltenen Erden, die auf dem wichtigen japanischen Markt ankommen, dorthin geschmuggelt wurden.

Grundsätzlich geht es bei der Analyse von Vorkommen Seltener Erden immer wieder um die Königsfrage der Metallurgie. Ist das Vorkommen auch tatsächlich wirtschaftlich abbaubar? Zwar gilt: Mittlerweile kriegt man alles getrennt. Die Frage bleibt aber: zu welchem Preis?

Und dies wird laut Trueman auch in den nächsten Jahren der Engpass sein. Von den jetzt aktiven Explorern werden im Endeffekt nur drei oder vier auch tatsächlich am Ende in Produktion gehen. Der Rest wird dann zu spät kommen und erst bereit sein, wenn die Party auf dem Markt für Seltene Erden schon wieder vorbei ist.

Regional setzt Trueman einen interessanten Schwerpunkt: Von den Vorkommen her könnten Kirgisistan und Kasachstan wichtige Produzentenländer werden. „Aber der weiteren planmäßigen Entwicklung stehen die dortigen politischen Schwierigkeiten im Weg."

Auch zum zeitlichen Ablauf der Entwicklung eines Vorkommens hat Trueman eine klare Meinung: „Die Firmen sollten in ein oder zwei Jahren ihre Metallurgie so verstanden haben, dass es dann einen Flowchart gibt, der die Verarbeitung des Erzes skizziert."

JAMES DINES: WIR HABEN NOCH VIEL LUFT NACH OBEN

In den Vereinigten Staaten gehört James Dines zu den beliebtesten Newsletter-Herausgebern. Sein „Dines Letter" erscheint schon seit mehr als 30 Jahren. In der Vergangenheit hat er sich einen guten Ruf erarbeitet. Er hat schon mehrfach Trends sehr früh erkannt und in große Gewinne für seine Leser verwandelt.

So gehörte er zu den ersten Uran-Bullen. Inzwischen hat sich so etwas wie der „Dines-Effekt" eingestellt: Wenn James Dines einen neuen Sektor empfiehlt, lohnt sich der genaue Blick darauf, denn dann geht es zumeist nach oben. Im Sommer 2009 rief Dines den nächsten Bullenmarkt aus: für Seltene Erden.

Seitdem haben sich viele Aktien sehr gut entwickelt. Zu seinen ersten Empfehlungen gehörten Arafura Resources und Lynas, aber auch Avalon Rare Metals und Rare Element Resources. Zumindest Avalon Rare Metals und Rare Element Resources tauchten auch schon in der ersten deutschen Sektorstudie zu den „Seltenen Erden" auf, die von den Autoren im März 2009 veröffentlicht wurde.

Aber auch jetzt ist Dines noch vom weiteren Aufschwung bei den Seltenen Erden überzeugt. Eine ganz wichtige neue Anwendung sieht er in Kühlschränken mit Magnetkühlung. Laut Dines hätten solche Kühlschränke einen riesigen Vorteil: Sie wären 100 Prozent emissionsfrei.

Für die deutsche Industrie sieht Dines in den kommenden Jahren einige Probleme. Hier wird es vor allem um die sichere Versorgung mit Seltenen Erden für die Windenergie gehen, aber auch für die Automobilindustrie. Laut Dines werden die Deutschen eine eigene Seltenerdmine kaufen. „Dafür werden sie bereit sein, fast jeden Preis zu zahlen", ist sich Dines sicher. Denn nur so kann die Versorgung auch wirklich sichergestellt werden.

Ein Kandidat für eine solche Übernahme wäre laut Dines Tasman Minerals in Schweden. Dort wird das einzige nennenswerte Vorkommen in Europa erschlossen – ein klarer strategischer Vorteil. Sollte eine solche Übernahme nicht gelingen, ist Dines davon überzeugt, dass es eine große Firmenpleite geben wird. Hierbei bezieht er sich auf Unternehmen, die stark auf Seltenerdmetalle angewiesen sind, also vor allem spezialisierte Automotive-Unternehmen oder Hersteller von Bauteilen für Windkraftanlagen.

Wie knapp schon heute die Versorgung ist, zeigt das Beispiel Japan. Dort gelangen große Teile der Seltenen Erden als Schmuggelware ins Land. Dabei ist kein Land stärker von den Seltenen Erden abhängig als die Japaner. Zu dieser Schlussfolgerung kam auch die *Financial Times* im Oktober 2010.

Dines zeigt sich beeindruckt von der aktuellen Strategie der Chinesen. So gibt es auf der einen Seite Ausfuhrkürzungen für Seltene Erden und Seltenerdoxide sowie für Halbprodukte. Gleichzeitig aber gibt es für verarbeitete Seltene-Erden-Produkte keinerlei Beschränkungen.

Die Idee dahinter: Es sollen ausländische Unternehmen nach China gelockt werden, damit sie hochwertige Produkte direkt vor Ort herstellen. Damit kann China die Wertschöpfung aus den eigenen

Vorkommen deutlich erhöhen. Die Rohstoffe verbleiben im Land und werden von ausländischen Firmen veredelt. Dieses Geschäftsmodell verfolgt heute schon Neo Material Technologies, das im Kapitel zu den wichtigsten Aktien ausführlich vorgestellt wird.

Grundsätzlich hält Dines viele neue Vorkommen einfach für zu klein, um sie auch tatsächlich ökonomisch nutzen zu können. Der wichtigste Marktteilnehmer bleibt vorerst China. Die Chinesen verfolgen dabei einen dreiteiligen Ansatz: Die Exporte von Seltenen Erden sollen eingeschränkt werden, ausländische Unternehmen sollen zur Weiterverarbeitung ins Land gelockt werden und dann soll es noch strategische Übernahmen im Ausland geben. Ein gelungenes Beispiel dafür ist Arafura Resources aus Australien: Chinesische Investoren halten mehr als 20 Prozent der Aktien. Bei Lynas sind es sogar mehr als 50 Prozent.

Trotz der zum Teil schon extremen Preisaufschläge glaubt James Dines, dass es hier noch viel Luft nach oben gibt. „Die Vereinigten Staaten sind zu 100 Prozent von Gallium- und Indium-Importen abhängig, bei Germanium sind es immerhin noch 80 Prozent", so Dines. Das bietet China noch gute Chancen, an der Preisspirale zu drehen. Gleichzeitig boomt aber beispielsweise die Windenergie in China. So sollen dort in den nächsten Jahren bis zu 100 Gigawatt installiert werden. Allein für ein großes Windrad werden jedoch schon bis zu 300 kg Seltene Erden benötigt. Dazu kommt noch der boomende Markt für Elektrofahrzeuge. Hier werden pro Fahrzeug schon heute im Toyota Prius bis zu 15 kg Seltene Erden verbaut. Aus strategischer Sicht empfiehlt Dines den Regierungen der Vereinigten Staaten und Kanadas, die chinesischen Käufe von Anteilen an den Seltenerd-Aktiengesellschaften zu unterbinden.

Zum Schluss hält Dines noch fünf Korrekturen von Falschinformationen bereit, die in den Massenmedien über Seltene Erden verbreitet werden:

1. Seltene Erden sind Elemente und keine Minerale.
2. Seltene Erden sind nicht selten, sondern nur sehr weit verstreut oder nur in geringer Konzentration vorhanden. So

sind einige Seltene Erden sogar häufiger in der Erdkruste zu finden als Kupfer.

3. Der Markt für Seltene Erden ist kein kommerzieller Bullenmarkt, sondern ein geopolitischer Bullenmarkt.

4. Dass der Markt zu klein ist, stimmt nicht mehr. Im Krisenjahr 2009 war er nur 1,5 Milliarden US-Dollar groß. Derzeit liegt das Marktvolumen aber schon bei 8 Milliarden US-Dollar, mit weiter stark steigender Tendenz.

5. Die Behauptung, dass die Produktion rasch hochgefahren werden kann, ist Unsinn.

Wie für die meisten anderen Experten auch, ist für ihn die Metallurgie der entscheidende Erfolgsfaktor für ein Vorkommen. Dines sagt hierzu: „Die Metallurgie ist der genetische Code eines jeden Vorkommens – und den sollten die Unternehmen auch kennen."

Zum Hype um Molycorp hat Dines auch eine klare Meinung: „Investoren tun gut daran, sich in der zweiten Reihe umzuschauen und die Aktie von Molycorp links liegen zu lassen – die ist schon viel zu teuer."

JOHN KAISER: ES GEHT NICHT MEHR LANGE GUT

Der US-Experte John Kaiser hat das Thema der Seltenen Erden schon lange im Blick. Im Jahr 2004 hat er einen eigenen Index zu dem Thema aufgelegt. Auf internationalen Messen stellt er dieses Thema bereits seit einigen Jahren vor. Trotz aller Euphorie mahnt John Kaiser aber auch zur Vorsicht: „Den Höhepunkt bei den Seltenerdaktien werden wir schon in einem Jahr sehen."

Spannend wird es laut Kaiser durch den Eintritt von großen Konzernen in den Markt für Seltene Erden. So ist Toyota schon jetzt direkt am Dong-Pao-Vorkommen beteiligt. Der japanische Autokonzern baut so eine sichere Versorgung auf. Zusammen mit den Partnern Vinacomin aus Vietnam und Sojitsu aus Japan befindet sich das Vorkommen derzeit in der Entwicklungsphase. Laut aktuellen Prognosen ist spätestens 2012 mit dem Start der Produktion zu rechnen, die eine jährliche Produktionsmenge von bis zu 7.000 Tonnen SEO bringen kann. John Kaiser ist sich sicher: „Dieser Trend wird sich fortsetzen und das Big Money wird den Markt kontrollieren."

Ein großes Problem besteht momentan darin, dass die chinesische Produktion nur zu einem kleinen Teil kontrolliert stattfindet. In China läuft bereits eine Konsolidierung. Von früher einmal 30 Produzenten wird es bald nur noch fünf bis sechs größere Produzenten geben, die auch sehr viel leichter von der chinesischen Regierung kontrolliert werden können.

Für John Kaiser sind die Opportunitätskosten im Zusammenhang mit der Produktion und der Trennung der einzelnen Elemente der entscheidende Faktor. Dennoch wird es seines Erachtens in einigen Jahren gelingen, die Produktion so stark zu steigern, dass es mehr Seltene Erden auf dem Markt gibt, als nachgefragt werden.

An dieser Stelle muss man als Investor auf diejenigen Unternehmen setzen, die ihre Kosten im Griff haben und außerdem am besten noch die besonders gefragten schweren Seltenen Erden produzieren.

Sehr wichtig ist auch der geopolitische Aspekt des Themas. So müssen die Unternehmen in Zukunft nachweisen, wo sie ihre Rohstoffe erworben haben. Das erinnert stark an die Probleme rund um die Themen „Bluttantal" und „Blutdiamanten". Allerdings ist der Nachweis bei Diamanten sehr viel einfacher als bei Metallen, denn Diamanten können aufgrund ihrer Struktur bestimmten Vorkommen zugeordnet werden. Bei Metallen ist das sehr aufwendig.

Im Gegensatz zu vielen anderen Experten ist Kaiser sehr optimistisch für Molycorp: „Wenn das Unternehmen die komplette Minenlizenz erhält, ist das eine 100-Dollar-Aktie." Das größte Potenzial für Molycorp ergibt sich laut Kaiser aus dem neuen cerbasierten Wasserfilter XSORBX. Zudem wird Molycorp seine gute Kapitalausstattung nutzen, um kleinere Unternehmen aus der Branche zu übernehmen.

Von den Aktien der Seltenen Erden stehen bei Kaiser die folgenden Titel auf der Empfehlungsliste: Avalon Rare Metals, Rare Element Resources, Quest Rare Minerals und Tasman Metals.

KAPITEL

13

INVESTIEREN IN EXPLORATIONSAKTIEN

Rohstoffaktien werden an vielen verschiedenen Börsen gehandelt. Das wichtigste Segment für die kleineren kanadischen Titel ist die TSX Venture Exchange in Vancouver. Dort sind zurzeit mehr als 700 Rohstoffwerte notiert. Die große Schwester ist die TSX in Toronto, an der die größeren Firmen gelistet sind. Weitere Segmente mit einem hohen Anteil an Rohstoffaktien sind die australische ASX, die US-Börse AMEX, das Londoner Handelssegment AIM und die Börse Frankfurt. Die entscheidende Frage lautet nun: Wir filtere ich als Investor die wirklich lukrativen Werte heraus? Denn eines muss beim Investieren in die kleinen Exploreraktien beachtet werden: Es sind risikoreiche Titel mit einem enormen Potenzial. Doch nur die wenigsten sind auch wirklich erfolgreich.

Daher heißt es im Vorfeld: Investoren müssen ihre Hausaufgaben machen, sonst ist das Risiko nur schwer einzuschätzen. Trotz der oft noch sehr frühen Phase der Exploration kann man auch solche Aktien fundamental bewerten – wenn auch nach anderen Kriterien als in der klassischen Aktienanalyse. So entfällt bei solchen Werten die wichtige Kennziffer Kurs-Gewinn-Verhältnis (KGV). Das liegt schlicht und einfach daran, dass diese Firmen noch keine Gewinne erzielen. Das Betriebskapital wird vielmehr dafür eingesetzt, die Exploration aussichtsreicher Vorkommen voranzutreiben.

Die fundamentale Analyse von Exploreraktien umfasst mehr als nur die Einzelwerte. Es geht immer auch um den Markt und den Sektor, in dem die Firmen tätig sind. Erfolg versprechend ist hier ein Bottom-Up-Ansatz, bei dem am Ende nur wenige wirklich aussichtsreiche und sehr gut ausgewählte Aktien übrig bleiben.

KRITERIEN DER ANALYSE VON EXPLORERAKTIEN

Einer der wichtigsten Faktoren bei der Analyse ist sicherlich das Management. Hat die Führungsriege die nötige Erfahrung? Hatte das Team schon einmal Erfolg bei anderen Projekten? Die Beantwortung dieser Fragen sollte am besten positiv ausfallen.

Außerdem ist das Vorkommen, also die Lagerstätte, von großer Bedeutung. Um welche geologische Formation handelt es sich? Ist es ein leicht zu erschließendes Gebiet? Denn nur die Information über das Vorhandensein eines Vorkommens im Boden reicht nicht aus. Die Erze müssen auch leicht aus dem Boden zu extrahieren sein.

Grundsätzlich ist die Exploration von Rohstoffvorkommen ein langwieriger Prozess. Vom Abstecken der Claims, also der Flächen, bis zum möglichen Produktionsbeginn vergehen bei vielen Lagerstätten sieben bis zehn Jahre. Zur seriösen Bewertung eigen sich jedoch erst Unternehmen, die schon eine Ressource nachgewiesen haben. Sogenannte Grass-Roots-Projekte, also Unternehmen in einer sehr frühen Explorationsphase, sind nur schwer zu kalkulieren. Es liegen nämlich noch keine Bohrergebnisse vor, zumeist gibt es nur erste Oberflächenproben oder geophysikalische Luftbilder.

Bei der Geologie des Vorkommens geht es auch darum, ob das Vorkommen im Tagebau oder als Untergrundmine erschlossen werden kann. Tagebauprojekte sind deutlich preiswerter, weil der Aufbau einer Bergwerks-Infrastruktur entfällt. Dafür ist es bei Untergrundminen möglich, sehr exakt am Erzkörper zu arbeiten, sodass deutlich weniger Abraum anfällt.

Bei bestimmten Erzen ist auch die Gesteinsart wichtig. Ein Beispiel hierfür ist Nickel. Hier gibt es zwei wichtige Arten: Nickelsulfat und Nickellaterit. Nickelsulfat kommt zwar häufiger vor, ist aber deutlich schwieriger abzubauen als Nickellaterit-Vorkommen.

Ein wichtiger Meilenstein für jedes Rohstoffprojekt ist eine Ressourcenschätzung. In Kanada gibt es dafür offizielle Vorgaben, die im Standard NI 43-101 zusammengefasst wurden. In Australien heißt der maßgebliche Standard JORC. Wenn ein Unternehmen eine solche Schätzung vorlegt, können potenzielle Investoren mit dieser relativ sicheren Basis kalkulieren. Doch auch in dieser Phase ist das Risiko noch sehr groß. Weit mehr Sicherheit bietet dann eine Machbarkeitsstudie, die auf Basis der Ressourcenschätzung erstellt wird. Hierbei geht es um den Nachweis, dass der Erzkörper wirtschaftlich nutzbar ist und eine Produktion aufgebaut werden kann. Was nützen beispielsweise eine Million Unzen Gold in einem abgelegenen

Teil Kanadas, der weder über einen Straßenanschluss noch über einen Anschluss ans Stromnetz verfügt, und die dazu noch in einem sehr tiefen Vorkommen verborgen sind?

Vor allem in westlichen Staaten haben die Umweltauflagen in den letzten Jahren deutlich zugenommen. Daher ist es wichtig, ob die Explorationsfirma schon die notwendigen Umweltgutachten hat. In eine ähnliche Richtung geht folgender Punkt: Auch der Kontakt zur lokalen Bevölkerung ist von Bedeutung. Offizielle Minenlizenzen sind die rechtliche Basis. Wenn aber die Bevölkerung vor Ort das Projekt nicht unterstützt oder sogar dagegen vorgeht, kann eine problemlose Exploration kaum über die Bühne gehen.

Insbesondere in Lateinamerika sind oft Ureinwohner in abgelegenen Regionen die maßgeblichen Ansprechpartner. In diesen Ländern ist auch das politische Risiko von Projekten sehr hoch. Ein abschreckendes Beispiel war in den vergangenen Jahren Ecuador. Durch eine Änderung der Minengesetzgebung wurden ausländische Firmen wie der Goldexplorer Salazar Resources quasi über Nacht von der Exploration von Rohstoffprojekten ausgeschlossen. Das galt auch für schon bestehende Projekte. Einige Firmen waren somit gezwungen, ihre Projekte von heute auf morgen für annähernd zwei Jahre stillzulegen. Die Kurse reagieren auf solche plötzlichen Einschränkungen heftig. Daher gibt es viele Investoren, die sich lieber auf sichere Länder des Westens verlassen. Und tatsächlich gibt es eine Vielzahl von aussichtsreichen Projekten in Kanada und den Vereinigten Staaten, bei denen man das politische Risiko sehr gering halten kann.

Das Stichwort Infrastruktur ist bei sehr vielen Rohstoffprojekten von entscheidender Bedeutung, weil in fast allen Phasen die Exploration und auch die spätere Produktion davon betroffen sein können. Zentrale Projekte mit einer guten Anbindung an das Straßennetz oder an Wasserwege und Häfen sind selbst in Kanada die Ausnahme. Der Grund dafür liegt auf der Hand: Die leicht zu fördernden Lagerstätten sind schon erschlossen. Neue Projekte befinden sich somit in Regionen, die in vielen Fällen noch über keine funktionierende Infrastruktur verfügen.

Aber neben der verkehrstechnischen Anbindung von Projekten sind auch die minenspezifischen Anlagen sehr wichtig. Im Einzelnen heißt das: Gibt es Gesteinsmühlen oder Schmelzen in der Nähe des Projekts, oder müssen diese neu aufgebaut werden. Dies ist beim Bau einer kompletten Produktionsanlage durchaus ein wichtiger Faktor.

Auch nützen das beste Projekt und die größte Ressource nur wenig, wenn es nicht genügend finanzielle Mittel gibt, um es auch voranzutreiben. Hier ist dann das Management gefragt: Sind die führenden Köpfe in der Lage, selbst in schwierigen Marktphasen Geld bei potenziellen Investoren einzusammeln? Gute Projekte und Manager überzeugen Investoren auch in schlechten Zeiten. So gelang es dem aussichtsreichen Goldexplorer Osisko Mining mitten im Sturm der Finanzkrise, mehr als 400 Millionen Kanadische Dollar an frischem Kapital einzusammeln. Hingegen waren sehr viele andere Firmen während der Finanzkrise gezwungen, bei extrem niedrigen Kursniveaus Finanzierungen zu starten. Um aber nur eine Million Dollar in die Kasse zu bekommen, müssen bei einem Aktienkurs von 0,05 Dollar schon 20 Millionen neue Aktien ausgegeben werden. Das ist für die Altaktionäre wenig erfreulich und führt zu einer massiven Verwässerung der Kapitalbasis.

Und das bringt uns gleich zu einem weiteren wichtigen Punkt: der Aktionärsstruktur. Wichtig ist dabei, dass die Vorstände selbst beteiligt sind und so „mit an Bord sind". Je höher die Beteiligung des Managements, desto besser für den Investor. Viele Explorer verweisen darauf, dass die Aktien in festen Händen sind. Damit sind große institutionelle Investoren gemeint, die oft schon seit der ersten Ausgabe von Aktien, der sogenannten Seed-Phase, mit dabei sind. Wenn dann noch 50 Prozent der Aktien in festen Händen sind, ist eine feindliche Übernahme eines kleinen Unternehmens vorerst ausgeschlossen.

Zu beachten ist bei der finanziellen Beurteilung von Explorationsunternehmen aber auch die Rolle der Broker. Manche Institute in Nordamerika haben in der heißen Phase des Marktes sehr viel Geld für Firmen eingesammelt. Nach dem Kursrutsch sitzen nun zahlreiche Investoren auf teuren Aktien. Wichtig ist auch hier, auf erfahrene Namen der Branche zu setzen, die schon mehrfach Erfolge gebracht haben.

Unabhängig vom Unternehmen muss es dann noch darum gehen, auf welchen Rohstoff der Explorer setzt. Dabei gilt im aktuellen Bullenmarkt für Rohstoffe fast schon die Faustregel: Gold als Rohstoff geht bei den Explorern immer. Durch den Boom in den vergangenen beiden Jahren läuft auch Silber häufig gut.

Bei vielen anderen Rohstoffen gibt es ganz klare Wellen. So erreichte vor einigen Jahren ein Uran-Hype die Märkte. In der Folge schoss die Zahl der Urantitel mit neuen Projekten an der Börse stark nach oben. Dann folgten Kali-Explorer.

 FAZIT

Je mehr dieser Kriterien zutreffen, desto besser stehen die Chancen, dass aus einem kleinen Unternehmen auch tatsächlich etwas wird. Natürlich muss immer genau geprüft werden, wo eine Gesellschaft steht und in welchem Zeitrahmen Ziele erreichbar sind. Die Börse nimmt dies vorweg und auch wir müssen das für unsere Investments antizipieren. Für die Zusammenstellung der Kriterien ist jeder selbst verantwortlich, und entscheidend ist das persönliche Risiko, das Sie als Investor eingehen wollen. Grundsätzlich gilt aber: Das Risiko-Chance-Verhältnis verschiebt sich enorm zugunsten des Risikos, je früher Sie investieren.

Damit man als Anleger die hier nur skizzierten Hausaufgaben machen kann, braucht man sehr viele Informationen über die einzelnen Unternehmen, aber auch über die Märkte und Rohstoffe im Allgemeinen. Daher folgt nun eine Übersicht über wichtige Informationsquellen für Investitionen in Rohstoffaktien. Wir haben hier bewusst einen breiten Ansatz gewählt, um Ihnen auch einen Einblick in andere beliebte Rohstoffe, wie beispielsweise die Edelmetalle Gold und Silber, zu ermöglichen.

GUTE INFORMATIONEN SIND
DIE BASIS DER ANALYSE

Zunächst gilt: Nur primäre Quellen sind zuverlässig. Verlassen Sie sich nicht auf Vorhersagen oder Tipps für den Aktienkauf. Kaum ein Experte handelt frei von Zwängen. In diesem Segment sind viele selbst ernannte Experten und Investor-Relations-Agenten unterwegs, die gegen direkte Bezahlung der Unternehmen in Form von Aktien oder Optionen effektvolle Berichte streuen. Diese dienen nur dazu, möglichst viele Investoren in eine Aktie zu locken.

Wenn Sie in diesem Segment erfolgreich sein wollen, gibt es zur persönlichen Recherche kaum eine Alternative. Dabei sollte die Webseite des Unternehmens immer die erste Anlaufstelle sein. Ist diese gerade nicht erreichbar oder wird umgebaut – oder existiert im schlimmsten Fall gar keine aktuelle Seite –, heißt das pauschale Urteil: Lassen Sie die Finger von einem solchen Wert. Im 21. Jahrhundert ist die Webseite die Visitenkarte des Unternehmens. Ist diese nicht vorhanden oder fehlerhaft, dürfen Sie durchaus an der Ernsthaftigkeit des Managements zweifeln.

In den allermeisten Fällen finden Sie aber auf der Webseite eine Vielzahl von nützlichen Informationen. Doch Vorsicht: Das sind zumeist eingefärbte Unternehmensinformationen. Die größten Risiken bei den Projekten und Firmen werden Sie auf diese Art und Weise nicht finden. Hier müssen Sie auf jeden Fall noch einen Schritt weitergehen. Zögern Sie nicht und sprechen Sie die Firma direkt an. In vielen Fällen gibt es sogar deutsche Teile einer Webseite oder im Idealfall sogar eine deutsche Service-Telefonnummer, wo Sie Ihre Fragen loswerden können. Wenn es ausländische Explorer – egal ob nun aus Kanada, den Vereinigten Staaten oder Australien – mit dem deutschen Markt ernst meinen, dann bieten sie solche Services an. Dies ist auf jeden Fall ein weiteres positives Kriterium für die Investitionsentscheidung und unterstreicht die Ernsthaftigkeit des Managements.

Weitere unverzichtbare Quellen für unverfälschte Nachrichten bieten die Webseiten der Börsenaufsichten. In Kanada ist das www.sedar.com, in den Vereinigten Staaten www.sec.gov. Dort werden alle veröffentlichungspflichtigen Informationen gesammelt, etwa Ressourcenschätzungen und Finanzierungen.

Marktdaten zu Rohstoffen allgemein finden sich mittlerweile auf allen wichtigen Finanzseiten. Umfangreiche Sektionen bieten unter anderem OnVista, Finanzen.net, Boersego.de und wallstreet-online.de. Sehr viel ausführlichere Informationen sind auf internationalen Webseiten zu erhalten. Hier stechen mineweb.com oder auch resourceworld.com deutlich hervor. Weitere ausführliche Angaben zu wichtigen Rohstoff-Webseiten bietet der Anhang.

Ein spannendes Tool kann bei der Analyse von Rohstoffprojekten auch Google Earth sein. Das reicht sicherlich für einen ersten Eindruck aus. Allerdings sind die vorliegenden Bilddaten nicht immer aktuell, sodass man bei schon bestehenden Minen nur sehr schwer tatsächlich einen Fortschritt dokumentieren kann. Da würde im Idealfall nur ein persönlicher Besuch vor Ort Aufschluss bringen. Doch das ist für ein Aktieninvestment auf jeden Fall übertrieben. Als Journalisten und Rohstoffexperten erhalten wir jedoch häufiger die Möglichkeit, uns Projekte auch einmal aus der Nähe anzuschauen. Dies ist sicherlich die Champions League der Analyse von Rohstoff-Firmen.

Auch wenn das Rohstoffbusiness stark nordamerikanisch geprägt ist, so gibt es doch auch bei uns in Deutschland viele Experten, ob nun Geologen oder Bergbauingenieure. Bauen Sie sich hier ein Netzwerk auf und setzen Sie auf die Erfahrung der Fachleute. Grundsätzlich gibt es auch sehr viele Broker – wiederum vornehmlich in Nordamerika –, die regelmäßig Researchberichte auch über kleine Rohstoff-Firmen anfertigen. Vieles davon ist frei zugänglich. Dies geschieht entweder über die Webseite des Unternehmens oder über den Anbieter. Sehr viele Berichte über Rohstoff-Firmen veröffentlichen unter anderem Fundamental Research Corp. (www.research-frc.com) und Ubika Research (www.smallcappower.com). Ubika konzentriert sich stark auf Goldunternehmen und hat auch einen eigenen Index von 50 kleinen Goldexplorern aufgelegt.

Der bereits erwähnte direkte Kontakt zum Management kann beispielsweise auf einer der zahlreichen speziellen Rohstoffmessen

in Nordamerika oder Europa erfolgen. Wichtigste Veranstaltung der Branche ist die PDAC-Konferenz Anfang März in Toronto (Kanada). Dort treffen sich annähernd 20.000 Profis und Investoren aus der Minenbranche. Damit ist sie die mit Abstand größte Messe ihrer Art auf der ganzen Welt. Doch auch in Deutschland finden regelmäßig kleinere Messen speziell für Rohstoff-Fans statt, zu denen auch sehr viele internationale Unternehmen anreisen. Neben der deutschen Rohstoffmesse in Frankfurt ist das vor allem die Edelmetall- und Rohstoffmesse in München, die jedes Jahr traditionell am ersten Novemberwochenende stattfindet.

Englischsprachige Newsletter sind eine weitere gute Informationsquelle. So geben die bekannten Namen der Branche wie Doug Casey, Jim Dines, John Kaiser oder die Coffin-Brüder zwar hauptsächlich hochwertige, aber auch teure Newsletter heraus. Viele Einschätzungen der Profis sind zwar im Internet frei verfügbar, jedoch zumeist keine konkreten Empfehlungen. Aber Berichte zu einzelnen Rohstoffen und Trendentwicklungen können an dieser Stelle auch schon sehr hilfreich sein.

FAZIT

Es gilt: Immer selbst aktiv Informieren, denn das zahlt sich aus. „Zuverlässige Informationen führen zu gut fundierten Entscheidungen, damit zu besseren Investments und letztlich zu besseren Ergebnissen", sagte Christoph Brüning vor Investoren in Zürich im Jahr 2009. Also machen Sie Ihre Hausaufgaben – der Erfolg wird Ihnen Recht geben.

UNSER INVESTMENT-GRUNDSATZ: HALTEN SIE SICH AN IHRE REGELN

Unser Leitsatz lautet: „Stick to the rules." Eigentlich wäre „your rules" besser, oder vielleicht eine Mischung aus beiden. Ohne Frage gibt es allgemeingültige Regeln und es gibt Ihre persönlichen Regeln für Investitionsentscheidungen, die Sie festlegen. Wichtig ist dabei immer: „Halten Sie sich an Ihre EIGENEN Regeln!"

Die Börsengrundregeln wie „Bitte nicht alles auf ein Karte setzen" werden wir hier nicht wiederholen. Man kann davon ausgehen, dass Investoren mit Interesse an Explorationsaktien durchaus schon als fortgeschrittene Anleger anzusehen sind.

Daher jetzt ein paar sehr hilfreiche Hinweise für die richtige Auswahl von Aktien:

- Schreiben Sie sich zu jedem Investment Ihre Ziele auf, also den Zeitrahmen und das Kursziel.

- Legen Sie Ihr Risiko fest. So sind gerade kleine, marktenge Werte enormen Schwankungen ausgesetzt. Etwa bei 25 Prozent oder 30 Prozent Verlust ziehen Sie die Reißleine. Die meisten Aktien, die so weit absinken, fallen leider weiter – dafür sorgt der Markt. Hier gegen den Strom schwimmen zu wollen, wäre sinnlos.

- Investieren Sie in ein Portfolio mit Aktien aus den Sektoren, in denen Sie anlegen wollen. Setzen Sie auf Marktführer und diversifizieren Sie entsprechend dem festgelegten Risikoprofil.

Der Markt ist nicht emotional, und damit ist auch kein Platz für Hoffnung oder andere Gefühle. Wir kennen alle die Börsenweisheit: „Verliebe dich nie in eine Aktie." Das stimmt zu 100 Prozent. Eine solche übertriebene Liebe ist eine schmerzhafte Erfahrung – sie kostet nämlich eine Menge Geld.

Aber zurück zu den Regeln: Bleiben Sie konsequent und hadern Sie nicht mit sich selbst, ob genau jetzt vielleicht ein Verkauf oder Kauf angebracht sein könnte. Erarbeiten Sie ein konkretes Konzept und handeln Sie dann auch danach. Klingt sehr einfach, ist aber furchtbar schwer, weil uns die Psyche hier oft einen Streich spielt. Aber dies ist ein ganz anderer Aspekt des Investierens, den Sie sicher auch kennen und den wir an dieser Stelle nicht aufgreifen wollen.

VORSICHT BEI TRENDS

Hier müssen Sie vorsichtig sein, denn jeder neue Trend bringt viele Trittbrettfahrer mit sich. Gerade wenn Sie einen Trend früh erkennen, ist es sinnvoll, sich breit aufzustellen. Das heißt, Sie sollten gleich einer Hand voll Unternehmen die Chance geben und dann bei regelmäßigen Überprüfungen die Favoriten heraussuchen. Wir haben in den letzten Jahren viele Trends gesehen: Der Urantrend startete vor rund sechs Jahren, weil aufgrund steigender Nachfrage der Uranpreis anzog. Es gab im Hoch 300 börsennotierte Uranexplorer, heute sind 15 aussichtsreiche Unternehmen übrig geblieben. Gleiches war beim Kalitrend der Fall, der im Frühjahr 2008 seinen Höhepunkt erreichte. Von den über 150 Unternehmen sind heute nur noch zehn notiert. Schon kurz nach dem Kalitrend folgte der Run auf Lithium und jetzt der auf Seltene Erden.

Allen Trends war und ist eines gemeinsam: Es entstanden Märkte für die entsprechenden Bodenschätze und dadurch wurde die Exploration angeheizt. Die meisten Trittbrettfahrer bleiben auf der Strecke. Wer nicht am Anfang dabei ist, wenn die aussichtsreichen Vorkommen erstmals exploriert werden, der wird am Ende zumeist zu den Verlierern gehören.

Neben Rohstoffen können aber auch Länder und Regionen im Trend liegen. So geschehen mit Ecuador, als dort zwei riesige Gold- und Kupfervorkommen entdeckt wurden. Dann werden viele Anleger aufmerksam und wollen mitmischen, die meisten aber zu spät. Ein derzeit sehr interessanter Ländertrend ist übrigens Kolumbien. Die Sicherheitslage in dem lateinamerikanischen Land hat sich deutlich verbessert und zahlreiche ausländische Firmen sind dort aktiv.

Wer aufmerksam Märkte und Wirtschaft beobachtet, der wird sicher schon früh Trends erkennen und von seinem Gespür profitieren.

TIMING

Für ein Investment in Explorationsaktien ist das Timing ganz entscheidend, wobei Sie natürlich selbst entscheiden, welches Risiko Sie eingehen wollen. An dieser Stelle nur ein Hinweis auf unsere Philosophie:

Unternehmen, die noch ganz am Anfang stehen – sogenannte „Grass-Roots Projects" –, erinnern eher an Roulette oder Glücksspiel. Von solchen Investments halten wir uns grundsätzlich fern. Auch Unternehmen in der frühen Explorationsphase kommen für uns noch nicht als Investment infrage. Aber wir fangen möglicherweise an, solche Unternehmen zu beobachten, und setzen sie auf unsere „Watchlist". Auch ein gutes Bohrloch oder eine gute Zone machen noch keinen Erzkörper aus, deshalb gilt hier erst einmal: Nur beobachten.

Sobald sich die Unternehmen weiterentwickeln und zu fortgeschrittenen Explorern werden („Advanced Exploration"), dann wird es für uns als Investoren interessant. Unternehmen, die eine Vielzahl von mineralisierten Bohrlöchern veröffentlichen und dann eine erste Ressourcenschätzung in Auftrag geben, gewinnen sehr schnell an Bedeutung. Sobald Sie etwas über eine anstehende Schätzung nach NI 43-101 lesen, sehen Sie bitte genau hin. Dieser Standard wird in Kanada angewendet. In Australien heißt der vergleichbare Standard JORC.

Erst im fortgeschrittenen Stadium der Exploration sinkt das Risiko auf ein für uns akzeptables Niveau. Das Unternehmen hat einen Erzkörper oder ein Ölvorkommen bestimmt. Ist es damit schon vorbei? Nein, ganz im Gegenteil. Jetzt können Sie sicher sein, dass es ein Vorkommen gibt. Die Chancen sind immer noch sehr groß und das Risiko, dass zu wenig oder nichts gefunden wird, ist ja schon ausgeschlossen.

Jetzt muss der Erzkörper genauer bestimmt werden. Das bedeutet, in der Regel werden viele Löcher in kleineren Abständen und verschiedenen Winkeln gebohrt. So wird geologisch nachgewiesen, wie groß das Vorkommen ist.

Unsere Chancen bleiben vielfältig, denn der Erzkörper kann sich in alle Himmelsrichtungen und in die Tiefe ausdehnen. Mit den Bohrarbeiten werden genauere Daten zum Erzköper ermittelt, und so steigt nicht nur die Größe, sondern auch die Qualität des Erzkörpers. Es gibt drei Kategorien, die als Standard festgelegt wurden.

DIE VERSCHIEDENEN RESSOURCENKATEGORIEN:

Measured (gemessen), bei solchen Ressourcen gibt es schon eine sehr genaue Schätzung der Größe und der Mineralisierung des Vorkommens. Dazu sind viele Bohrlöcher angelegt worden, die eine Fortsetzung der Mineralisierung bestätigen.

Indicated (angezeigt, angedeutet), bei solchen Ressourcen gibt es schon eine Schätzung des Vorkommens, bezogen auf die Größe und den Grad der Mineralisierung. Als Basis hat es schon größere Bohrprogramme gegeben, sodass mit hoher Wahrscheinlichkeit ein größerer Erzkörper vorhanden ist.

Inferred (abgeleitet, vermutet, gefolgert), bei solchen Ressourcen sind die Größe und die Mineralisierung des Vorkommens hauptsächlich aufgrund einiger weniger Bohrlöcher und Gesteinsproben geschätzt worden. Hier legen die vorliegenden Daten nahe, dass es einen größeren Erzkörper gibt.

QUELLE: MINING EXPLAINED BY „THE NORTHERN MINER"

Diese Begriffe sind für einen Investor extrem wichtig, denn hieraus werden letztendlich die Reserven eines Vorkommens berechnet. Ist ein Unternehmen mit Reserven ausgestattet, dann hat es aber immer noch ein großes Potenzial, denn auf der Liegenschaft wird ja die Exploration weiterbetrieben, etwa durch Step-out-Bohrungen, bei denen man vom vorhanden Erzkörper einen großen „Schritt" (100 m oder 200 m) heraustritt und dort eine Bohrung vornimmt. Auf den meisten Vorkommen haben die Geologen sowieso mehrere Targets, also Bohrziele, und diese werden dann systematisch untersucht.

Auch die mineralische Zusammensetzung des Vorkommens hält noch weiteres Potenzial bereit: Nur wenige Vorkommen bestehen nur aus einem Metall. Goldvorkommen sind oft von Kupfer und Silber begleitet. In VMS-Gebieten (VMS = Massive Volcanogenic Sulfide, Metallsulfid-Lagerstätten) sind oft Gruppen von Metallen angesiedelt. Damit gewinnt das Vorkommen zusätzlichen Wert und man spricht dann nicht einfach von Goldvorkommen, sondern man rechnet Silber und Kupfer in Goldäquivalent um. Kommen Gruppen von Metallen vor, ergibt sich ein Gesamtmetallwert.

 FAZIT
Unsere Philosophie: Bei fortgeschrittenen Explorationsunternehmen einsteigen.

FORTGESCHRITTENE EXPLORATION ALS HEBEL EINSETZEN

„Wer Gold oder Goldmünzen kauft,
entzieht dem Kapitalmarkt Liquidität.“

Dr. Asoka Wöhrmann, DWS

Wenn Gold von heute 1.400 US-Dollar je Unze auf über 2.000 US-Dollar steigt, dann sind Sie als Goldkäufer sicher sehr froh über Ihr Investment. Hätten Sie aber auf Goldaktien gesetzt, dann wären Sie ganz sicher besser gefahren; das ist historisch so und wird auch in Zukunft so bleiben. Denn bei 600 US-Dollar mehr pro Unze Gold steigen die Bewertungen der Produzenten deutlich an, auch 100 Prozent sind dann keine Seltenheit.

Die angehenden Produzenten werden dadurch viel werthaltiger und müssen ja erst noch als tatsächliche Produzenten bewertet werden – damit haben wir zwei sehr gute Hebel.

Bei den fortgeschrittenen Explorern sind die Chancen nochmals größer. Dass sich eine Aktie verfünffacht oder verzehnfacht, ist hier absolut nicht ungewöhnlich. Ein sehr gutes Beispiel ist der kanadische Goldexplorer Osisko Mining, der nach 95 goldmineralisierten Bohrlöchern von 1,20 auf 3,05 Kanadische Dollar ansprang. Doch

das war erst der Anfang. Zwar sackte die Aktie während der Finanzkrise kurzzeitig unter die Marke von 1,00 Kanadischen Dollar, doch dann gab es einen rasanten Anstieg auf das bisherige Allzeithoch von 16,39 Kanadischen Dollar Ende 2010.

Die Preise im Markt der Seltenerdmetalle sind nicht so transparent wie bei Gold, aber trotzdem lässt sich der Ansatz sehr gut übertragen. Die Nachfrage wird auf absehbare Zeit weiter steigen, was die Preise sichert. Dabei sind schwere Seltene Erden wertvoller als leichte.

Wenn Sie also von der Entwicklung des Marktes für Seltene Erden profitieren wollen, dann setzen Sie auf die fortgeschrittenen Explorer dieses Sektors. Im Anschluss werden wir Ihnen unsere konkreten Beispiele nennen. Hier unsere Katalysatoren für den Sektor, von denen besonders die fortgeschrittenen Explorer profitieren werden:

- Seltene Metalle sind der Schlüssel zu neuen Technologien.
- Steigende Nachfrage weltweit.
- Seltene Metalle werden als strategisch angesehen.
- Abhängigkeit von einem derzeit nahezu monopolistischen Anbieter.

FAZIT

Wer von der Entwicklung des Marktes für Seltene Metalle mit Hebel profitieren will, der sollte auf fortgeschrittene Explorationsunternehmen und angehende Produzenten setzen.

PORTFOLIO

Das Thema Seltene Erden ist ein Spezialbereich des Rohstoffsektors und Sie sollten es in ihrem Portfolio berücksichtigen. Die Gewichtung hängt von Ihrer Risikobereitschaft und Ihrer eigene Analyse ab. Die seltenen Metalle sind auf jeden Fall ein Thema für die nächsten Jahre und dürfen in keinem Rohstoffportfolio fehlen. Mischen Sie die fortgeschrittenen Explorer mit den angehenden Produzenten und den Produzenten, je nach Risikoprofil in die eine oder andere Richtung gewichtet.

GEWINNE REALISIEREN

Nun zum Schluss des Kapitels noch zu einem schwierigen Punkt, den uns die Psychologie lehrt: Investoren haben weniger Probleme mit bestehenden Verlusten als mit Gewinnen. Das klingt irgendwie komisch. Eine Börsenweisheit lehrt aber auch: „Gewinnmitnahmen haben noch nie jemandem geschadet." Klingt sehr einfach, und das ist es eigentlich auch. Hier schließt sich der Kreis dieses Kapitels, denn wenn Sie sich an Ihre Regeln halten, dann kennen Sie Ihre Kursziele und setzen diese konsequent um. So werden Sie an der Börse erfolgreich handeln. Daher: „Stick to your rules, please!"

KAPITEL

14

INVESTMENTCHANCEN MIT SELTENEN ERDEN

Rohstoffe als Investments haben in den vergangenen Jahren einen rasanten Aufstieg erlebt. Während es bis zum Jahr 2005 kaum Chancen für Privatinvestoren gab, so hat sich die Lage seitdem komplett verändert. Vor allem über die Anlageform Zertifikate ist es mittlerweile möglich, selbst auf so exotische Rohstoffe wie Zucker oder Schweinehälften zu setzen.

Gold und Silber finden sich auch in immer mehr Depots – sowohl von Privatinvestoren als auch in denen von Profis. Alle bis jetzt genannten Rohstoffe haben aber im Vergleich zu den Seltenen Erden einen klaren Vorteil: es gibt einen Terminmarkt und somit feste und vor allem auch transparente Preise.

So können die Emittenten eine große Bandbreite an Produkten absetzen. Sie haben dabei immer die Möglichkeit, für die Zertifikate Absicherungsgeschäfte an den Terminmärkten vorzunehmen. Bei den Seltenen Erden fällt diese Möglichkeit weg. Die Preise werden mit Lieferverträgen direkt zwischen Händlern und Abnehmern verhandelt. Zwar gibt es einige Webseiten (Metall-pages.com), die den Verlauf der Marktpreise nachvollziehen. Aber das sind nicht mehr als Näherungswerte. Die meisten Geschäfte laufen im Verborgenen ab. Durch das Fehlen von Terminmärkten ist es auch kaum möglich, direkt auf Seltene Erden zu setzen. Eine Ausnahme bietet die physische Einlagerung von bestimmten Spezialmetallen, aber nicht speziell Seltenen Erden. Hier gibt es einen Anbieter in der Schweiz, die Schweizerische Metallhandels AG. Dort können zwei verschiedene Warenkörbe eingelagert werden. Im Warenkorb Schlüsselindustrien befinden sich Indium, Hafnium, Gallium, Wismut, Tantal und Tellur. Im Warenkorb Solar- und Energietechniken sind Indium, Hafnium und Gallium enthalten.

Dies ist eine Möglichkeit, direkt auf weiter steigende Preise bei diesen speziellen Metallen zu setzen. Aber grundsätzlich zu bevorzugen ist der Weg über die Börse. Hier erhalten Investoren vor allem eine größere Flexibilität. Der Kauf und Verkauf einzelner Positionen ist sehr schnell möglich.

Weitere Informationen zu den Einzelwerten finden Sie weiter hinten im Kapitel. Zusätzlich haben die Autoren auch noch ihre

fünf Favoriten herausgesucht, von denen sie sich auf Sicht der nächsten Jahre die größten Kurssprünge versprechen.

Doch wie kaum anders zu erwarten, haben auch einige Emittenten das Potenzial des Themas entdeckt. Die Konsequenz: Mittlerweile gibt es mehrere Zertifikate zum Thema Seltene Erden, in denen verschiedene Aktien zusammengefasst sind. Da die Auswahl der Aktien nicht so groß ist, finden sich in den Zertifikaten häufig die gleichen Titel. Aber trotz der ähnlichen Zusammensetzung gibt es bei den verschiedenen Produkten schon deutliche Unterschiede, die in diesem Kapitel genauer vorgestellt werden sollen.

ZERTIFIKATE AUF INDIZES UND AKTIEN

ROYAL BANK OF SCOTLAND (RBS): GLEICH MIT ZWEI ZERTIFIKATEN DABEI

Sehr früh hat sich die RBS dem Thema gewidmet. Dabei erschienen zunächst zwei Zertifikate auf den RBS Rare Metals Mining TR Index. Bei der Bezeichnung könnte man annehmen, dass auch Seltene Erden im Index enthalten sind. Doch das stimmt so leider nicht.

Die RBS setzt hier vielmehr auf „Rare Metals". Darunter fallen Rhodium, Molybdän, Beryllium, Titan und Kobalt. Das führt dazu, dass man Aktien von Seltenerdunternehmen in diesem Index vergeblich sucht. Die größten Positionen mit einer Gewichtung von jeweils rund 15 Prozent sind folgende Aktien: Der Rhodium-Produzent Lonmin Plc, der chinesische Rohstoffwert China Molybdenum Co. und der US-Rohstoffwert Ivanhoe Mines, ebenfalls mit dem Schwerpunkt Molybdän.

Dieses Zertifikat bietet auf jeden Fall den Zugang zu Minengesellschaften mit Ausrichtung auf strategische Metalle. Ein direkter Zugang zu den Rohstoffen ist hier, wie bei den Seltenen Erden, jedoch auch nicht möglich.

RBS bietet zwei Zertifikate auf den Index an. Beide Zertifikate sind ohne Laufzeitbegrenzung. Das RBS Rare Metals Mining TR Index

Open End Zertifikat (WKN: AA0RPC/ISIN: DE000AA0RPC5) bildet den zugrunde liegenden Index, der von Standard & Poor's berechnet wird, eins zu eins ab. Die jährliche Managementgebühr liegt bei einem Prozent. Die Geld-Brief-Spanne beträgt zwei Prozent. Insgesamt umfasst der Index 15 Positionen, wobei es halbjährlich eine Anpassung des Index gibt.

Zusätzlich zum normalen Open End Zertifikat hat RBS noch eine währungsgesicherte Variante auf den Markt gebracht. Dieses Zertifikat hat die WKN AA0RPD und die ISIN DE000AA0RPD3. Die Grundgebühren sind bei diesem Zertifikat genauso hoch. Hier kommt aber noch eine Absicherungsgebühr gegen Währungsschwankungen hinzu. Diese Gebühr ist variabel und lag 2010 zwischenzeitlich bei rund sieben Prozent. Das hört sich zunächst nach sehr viel an, aber da die Währungsschwankungen beim US-Dollar und auch beim Euro deutlich zugenommen haben, kann sich eine Absicherung lohnen.

Drei wichtige strategische Metalle: Kobalt, Beryllium und Molybdän

Kobalt:

Im Jahr 2005 stieg die Weltproduktion von veredeltem Kobalt hauptsächlich wegen des bedeutenden Produktionszuwachses in China an. Nach den leichten Rückgängen der Jahre 2006 und 2007 liegt das Produktionsniveau 2008 auf dem höchsten Stand. Die Weltnachfrage nach Kobalt erhöhte sich als Resultat der zunehmenden Nachfrage der Luftfahrt- und Turbinenindustrie sowie des wachsenden Einsatzes in aufladbaren Batterien und Katalysatoren. Bislang entstand der größte Anteil von Kobalt als Nebenprodukt bei der Förderung von Kupfer, Nickel und anderen Metallen. Bis vor Kurzem war Marokko als das einzige Land bekannt, in dem Kobalt das Primärerzeugnis des Bergbaus war. Im Kongo nimmt die Förderung von Kobalt seit Ende der 1990er-Jahre stetig zu. Kobalt ist ein strategisch bedeutendes Metall, das für verschiedene industrielle und militärische Anwendungen benötigt wird.

Beryllium

Beryllium besitzt eine graue Farbe und ist eines der leichtesten Metalle. Dank seiner physikalischen und mechanischen Eigenschaften – außerordentliche Festigkeit und Stärke, einer der höchsten Schmelzpunkte aller Leichtmetalle, hohe Wärmekapazität, hervorragende Leitfähigkeit, außerordentliche Formstabilität über einen großen Temperaturbereich, geringe Dichte, die niedrigste Neutronenabsorption von allen Metallen, eine hohe Neutronenstreuung und Durchlässigkeit für Röntgenstrahlung – ist es vielseitig einsetzbar.

Nur zwei Mineralien haben einen wirtschaftlichen Nutzen für die Produktion von Beryllium: Bertrandit (Vereinigte Staaten) und Beryll (Volksrepublik China, Russland und Brasilien). Beryll besteht aus Beryllium, Aluminium, Silizium und Sauerstoff. Die schönsten und wertvollsten berylliumhaltigen Mineralien sind die Schmuck- und Edelsteine Aquamarin, Smaragd, Roter Beryll, Euklas, Gadolinit, Chrysoberyll, Phenakit, und Alexandrit.

Molybdän

Molybdän ist „das" Härtungsmetall. Am häufigsten wird es für Metalllegierungen wie Ferromolybdän verwendet. Der bedeutende strategische Charakter resultiert aus dem Einsatz in hochsensiblen Branchen wie der Luft- und Raumfahrt sowie der Rüstungsindustrie. Als besonders pikant gilt dabei der Umstand, dass sich der Großteil der bekannten Vorkommen in China befindet. Die Molybdänvorkommen und die Produktionskapazitäten sind in wenigen Staaten der Welt angesiedelt.

Die Weltproduktion wird auf 212.000 Tonnen Molybdänkonzentrat geschätzt. Die Hauptproduzenten sind dabei in absteigender Reihenfolge die Vereinigten Staaten, China, Chile, Peru, Kanada und Armenien, welche für etwa 94 Prozent der weltweiten Produktion verantwortlich sind. Molybdänmaterialien zeichnen sich durch vielfältige Einsatzmöglichkeiten aus, wobei viele Anwendungen keine akzeptable Substitution erlauben.

QUELLE: RBS

Seit Herbst 2010 gibt es aber von der RBS auch ein spezielles Seltene-Erden-Zertifikat. Im RBS Select Rare Earth TR Basket Open End Zertifikat (WKN: AA2W3C/ISIN: DE000AA2W3C6) sind insgesamt 15 Aktien aus dem Segment der Seltenen Erden zusammengefasst.

In der Tabelle auf der gegenüberliegenden Seite ist die genaue Zusammensetzung aufgelistet. Daraus ist ersichtlich, dass die beiden Unternehmen mit dem baldigen Produktionsbeginn (Lynas und Molycorp) am stärksten gewichtet sind. Positiv ist auch die starke Gewichtung von China Rare Earth Holdings, einem schon jetzt aktiven Produzenten von Seltenen Erden. Insgesamt bietet das Zertifikat bei einer Geld-Brief-Spanne von 1,5 Prozent eine gute Möglichkeit, breit gestreut auf die weitere Entwicklung des Sektors zu setzen.

Dabei müssen Investoren aber Folgendes beachten: Das Zertifikat notiert in Euro und die Aktien im Zertifikat notieren in Fremdwährungen wie dem US-Dollar, dem Australischen Dollar, dem Kanadischen Dollar und in einem Fall sogar in Hongkong-Dollar. Insofern besteht bei diesen Aktien ein Währungsrisiko. Vierteljährlich wird eine Neugewichtung bezogen auf die Ursprungsgewichtung vorgenommen.

TABELLE 7:
ZUSAMMENSETZUNG RBS SELECT RARE EARTH TR BASKET

UNTERNEHMEN	LAND	GEWICHTUNG
Molycorp	USA	15,0 %
Lynas	Australien	15,0 %
China Rare Earth Holdings	China	15,0 %
Neo Material Technologies	Kanada	10,0 %
Rare Element Resources	Kanada	10,0 %
Avalon Rare Metals	Kanada	10,0 %
Arafura Resources	Australien	5,0 %
Quest Rare Minerals	Kanada	5,0 %
Greenland Minerals	Australien	5,0 %
Alkane Resources	Australien	5,0 %
Great Western Minerals	Kanada	1,0 %
Tasman Metals	Kanada	1,0 %
Hudson Resources	Kanada	1,0 %
Stans Energy Corp	Kanada	1,0 %
Commerce Resources Corp	Kanada	1,0 %

QUELLE: RBS

UBS ZERTIFIKAT MIT BEGRENZTER LAUFZEIT

Eine andere Strategie verfolgt die Schweizer Bank UBS mit ihrem Performance-Zertifikat auf den UBS Rare Earth Basket (WKN: UB9REE/ISIN: DE000UB9REE1). Darin sind elf Unternehmen zusammengefasst, die außerhalb Chinas in der Produktion und Exploration Seltener Erden tätig sind. Dabei wurde die Startgewichtung der Unternehmen im Basket am Festlegungstag fixiert und wird während der Laufzeit bis 2. November 2015 nicht mehr angepasst.

Die folgende Tabelle zeigt die Gewichtung dieses Aktienkorbs:

TABELLE 8:
ZUSAMMENSETZUNG UBS ZERTIFIKAT

UNTERNEHMEN	LAND	GEWICHTUNG
Molycorp	USA	25,0 %
Lynas Corp	Australien	25,0 %
Avalon Rare Metals	Kanada	11,0 %
Rare Element Resources	Kanada	11,0 %
Arafura Resources	Australien	8,0 %
Quest Rare Minerals	Kanada	6,0 %
Greenland Minerals	Australien	4,0 %
Alkane Resources	Australien	4,0 %
Great Western Minerals	Kanada	4,0 %
Navigator Resources	Australien	1,0 %
Korab Resources	Australien	1,0 %

QUELLE: UBS

Dabei fällt die hohe Gewichtung der kleineren Explorer auf. Während die bald in Produktion gehenden Lynas und Molycorp zusammen mit 50 Prozent gewichtet sind, entfällt die andere Hälfte auf kleinere Explorer, die zum Teil noch Jahre von einer möglichen Produktion entfernt sind. Insofern ist das Zertifikat spekulativer aufgebaut als das vergleichbare RBS-Produkt. Die feste Zusammensetzung bietet hingegen den Nachteil, dass im Falle eines Misserfolgs bei einem der elf Werte dieser dann nicht ausgetauscht werden kann und so die Wertentwicklung des gesamten Zertifikats schwächt.

SOCIÉTÉ GÉNÉRALE MIT PARTIZIPATIONSZERTIFIKAT

Im Dezember 2010 startete das Partizipationszertifikat auf den SG Rare Earth Basket (WKN: SG1YRE/ISIN: DE000SG1YRE5). In diesem Zertifikat sind insgesamt 14 Unternehmen aus dem Segment der Seltenen Erden enthalten – darunter auch wieder der chinesische

TABELLE 9:
ZUSAMMENSETZUNG SG RARE EARTH BASKET

UNTERNEHMEN	LAND	GEWICHTUNG
China Rare Earth Holdings	China	15,0 %
Lynas	Australien	15,0 %
Molycorp	USA	15,0 %
Rare Element Resources	Kanada	15,0 %
Arafura Resources	Australien	8,0 %
Avalon Rare Metals	Kanada	8,0 %
Neo Material Technologies	Kanada	8,0 %
Quest Rare Minerals	Kanada	5,0 %
Alkane Resources	Australien	2,5 %
Great Western Minerals	Kanada	2,5 %
Greenland Minerals	Australien	2,5 %
Tasman Metals	Kanada	1,5 %
Hudson Resources	Kanada	1,0 %
Navigator Resources	Australien	1,0 %

QUELLE: SOCIÉTÉ GÉNÉRALE

Produzent China Rare Earth Holdings. Die anderen 13 Firmen stammen aus Australien, Kanada sowie den Vereinigten Staaten und finden sich auch im Kapitel zu den börsennotierten Unternehmen.

Laut Société Générale sind folgende Kriterien für die Aufnahme in den Aktienkorb und die Gewichtung entscheidend: die Marktkapitalisierung, die freie Handelbarkeit und die Liquidität. Dabei wird der Aktienkorb einmal im Jahr neu gewichtet. Insgesamt ist der Aktienkorb nach dem Total-Return-Ansatz konstruiert. Somit fließen 85 Prozent der Nettodividenden der enthaltenen Aktien in die Wertentwicklung des Baskets ein.

Das hört sich zunächst positiv an. Doch dabei muss man bedenken, dass es sich zum großen Teil um Rohstoff-Explorer handelt. Bei diesen speziellen Unternehmen steht das Wachstum im Vordergrund. Zur Auszahlung einer Dividende kommt es nur in den seltensten Fällen. Das Zertifikat hat eine Laufzeit bis Dezember 2015. Dieser Zeitraum bietet genügend Chancen. Vor allem gilt für einige Explorer, die in dem Aktienkorb vertreten sind, dass sie bis zum Ende der Laufzeit die Produktion schon aufgenommen haben werden.

Das Zertifikat bildet dabei die Performance des Aktienkorbs abzüglich einer Managementgebühr von einem Prozent pro Jahr exakt ab. Auch hier gibt es keine Währungssicherung.

STRUCTURED SOLUTIONS INDEX

Seit Sommer 2010 gibt es den Solactive Rare Earth Index vom Frankfurter Indexspezialisten Structured Solutions. Das Unternehmen berechnet rund 200 verschiedene Indizes mit dem Schwerpunkt Rohstoffe. Neben gängigen Indizes auf Öl, Gas, Gold, Silber oder Kupfer widmet sich Structured Solutions auch exotischeren Rohstoffen wie Lithium, seltenen Metallen und Seltenen Erden. Damit existiert ein weiteres Marktbarometer für die Seltene-Erden-Industrie.

Dabei setzen die Experten von Structured Solutions auf die größten und auch liquidesten Unternehmen weltweit, die im Bereich der Seltenen Erden aktiv sind. Die Auswahlkriterien sehen dabei wie folgt aus: Die Hauptgeschäftstätigkeit muss in der Exploration, dem Abbau und/oder Investitionen in Seltenen Erden bestehen. Zudem muss es ein Listing an einer anerkannten Börse geben. Die Marktkapitalisierung sollte mindestens 70 Millionen US-Dollar betragen, und das bei einem täglichen Handelsvolumen von mindestens 200.000 US-Dollar. Zudem muss die Möglichkeit des Handelns für ausländische Investoren bestehen. Die Gewichtung im Index erfolgt dabei nach Marktkapitalisierung und der Index darf maximal 15 Unternehmen umfassen. Zudem erfolgt noch eine Anrechnung der Dividenden.

Gegenwärtig sieht die Aufteilung des Index wie folgt aus:

TABELLE 10:
GEWICHTUNG SOLACTIVE RARE EARTH INDEX

UNTERNEHMEN	LAND	ANTEIL
Molycorp	Australien	24,38%
Lynas	Australien	21,82%
Arafura Resources	Australien	16,80%
China Rare Earth Holding	China	15,17%
Rare Element Resources	Kanada	6,01%
Avalon Rare Metals	Kanada	5,64%
Alkane Resources	Australien	4,48%
Quest Rare Minerals	Kanada	3,98%
Great Western Minerals	Kanada	1,73%

QUELLE: STRUCTURED SOLUTIONS

 **FAZIT:**
Für Investoren, die breit gestreut auf den Sektor der Seltenen Erden setzen wollen, gibt es in Deutschland mittlerweile eine große Auswahl an Zertifikaten, die von den

Emittenten auch noch weiter ausgebaut wird. So etwas kennt man aus der Vergangenheit: Zeichnet sich ein neuer Trend ab, springen die Zertifikate-Emittenten zumeist auf den schon fahrenden Zug auf. In diesem speziellen Fall hat der Zug aber erst langsam an Fahrt aufgenommen, sodass Investoren in Deutschland hier die Chance bekommen, noch früh auf einen Trend zu setzen.

Wie die verschiedenen Übersichten zu den einzelnen Zertifikaten zeigen, finden sich die großen und wichtigen Seltene-Erden-Aktien wie Lynas oder Molycorp in allen Zertifikaten. Hier kommt es jetzt auf die persönliche Einschätzung der Marktchancen der großen Firmen an. Zudem müssen Investoren abwägen, ob sie ein Zertifikat mit Laufzeitbegrenzung bevorzugen oder die Open-End-Variante besser ins eigene Risikoprofil passt. Währungsgesicherte Zertifikate auf Seltene Erden gibt es noch nicht. Doch bei den starken Schwankungen der einzelnen Währungen aus den Vereinigten Staaten, dem Euro-Raum, Australien oder Kanada wäre eine solche Absicherung sicherlich auch sehr teuer.

TABELLE 11:
ÜBERSICHT DER GRÖSSTEN VORKOMMEN

VORKOMMEN	% GESAMT SEO	GEHALT IN TONNEN	ANTEIL SCHWERE SEO	SCHWERE SEO IN TONNEN
Bayan Obo , China	3,90 %	56.900.000	2 %	1.138.000
Nechalacho, Kanada	1,50 %	3.050.000	15 %	457.000
Kvanefjeld, Grönland	1,00 %	2.150.000	14 %	301.000
Mountain Pass, USA	9,20 %	1.840.000	1 %	18.400

QUELLE: AVALON RARE METALS

TABELLE 12:
ÜBERSICHT SELTENE-ERDEN-UNTERNEHMEN

UNTERNEHMEN	MARKT-KAP.* CAD MIO.	MILLIONEN TONNEN SEO	CAD / TONNE SEO	ENTWICKLUNGS-STUFE
Lynas Corporation	2.254	1,1640	1.937	Minenkons-truktion
Molycorp	2.277	1,3950	1.632	Produktion / Erweiterung
Avalon Rare Metals	366	3,0538	110	Machbar-keitsstudie
Arafura	340	0,8400	404	Machbar-keitsstudie
Rare Element Resources	272	0,3690	494	Exploration
Quest Rare Minerals	193	0,4690	411	Exploration
Great Wes-tern Minerals*	85	0,1344	724	Vor-Machbar-keitsstudie

* MARKTKAPITALISIEURNG INKL. TECHNOLOGISCHEN VERMÖGENSWERTEN

QUELLE: AVALON RARE METALS

DIE WICHTIGSTEN AKTIEN

Im Gegensatz zu Gold und anderen Metallen hat man bei den Seltenen Erden neben dem Umweg über die Einlagerung von physischem Material nur die Chance, auf aussichtsreiche Aktien aus dem Sektor zu setzen. Doch was bislang auch schon klar geworden sein dürfte: Das Investieren in diesem Sektor ist nicht so einfach. Die Analyse eines Seltenerdunternehmens erfordert sehr viel mehr Aufwand als bei einem normalen Explorer.

TABELLE 13:
LEICHTE UND SCHWERE SELTENE ERDEN

SELTENE ERDEN OXIDE	NECHALACHO, KANADA	BAYAN OBO, CHINA
Europium Eu	0,49 %	0,19 %
Gadolinium Gd	3,71 %	0,40 %
Terbium Tb	0,54 %	
Dysprosium Dy	2,71 %	0,30 %
Holmium Ho	0,48 %	
Erbium Er	1,26 %	
Thulium Tm	0,17 %	
Ytterbium Yb	1,01 %	
Yttrium Y	11,69 %	0,20 %
Lutetium Lu	0,14 %	
Gesamtanteil schwere SEO	**22,20 %**	**1,09 %**
Lanthan La	15,83 %	27,10 %
Cer Ce	35,72 %	49,86 %
Praseodym Pr	4,51 %	5,15 %
Neodym Nd	17,83 %	15,40 %
Samarium Sm	3,91 %	1,15 %
Gesamtanteil leichte SEO	**77,80 %**	**98,66 %**

MT. WELD, AUS-TRALIEN	MOUNTAIN PASS, USA	NOLANS AUSTRALIEN
0,44 %	0,12 %	0,40 %
0,97 %	0,17 %	1,00 %
0,07 %		0,08 %
0,12 %		0,33 %
0,37 %	0,10 %	1,32 %
1,98 %	**0,39 %**	**3,13 %**
25,50 %	33,20 %	19,74 %
46,74 %	49,10 %	47,53 %
5,32 %	4,34 %	5,82 %
18,50 %	12,00 %	21,20 %
2,27 %	0,80 %	2,37 %
98,33 %	**99,44 %**	**96,66 %**

Nehmen wir als Vergleichsbeispiel ein Goldunternehmen. Wenn eine Ressourcenschätzung vorliegt, können die „Ounces in the Ground" mit einem Marktwert multipliziert werden, und so erhält man sehr schnell einen Wert für das Projekt. So kann man bei vielen Explorern eine Unze im Boden mit 60 bis 80 US-Dollar ansetzen.

Bei den Seltenen Erden ist die Ausgangslage sehr viel schwieriger. Nur das Vorhandensein des Vorkommens sagt noch sehr wenig über den möglichen Wert aus. Aber wie bei vielen anderen Trends in der Vergangenheit gibt es auch jetzt wieder eine Masse an Aktiengesellschaften, die Seltene-Erden-Vorkommen erschließen. Laut den aktuellen Daten des Marktexperten Jack Lifton gibt es derzeit 165 Firmen aus dem Sektor, die insgesamt 251 verschiedene Projekte in 24 Ländern außerhalb von China bearbeiten. Vor knapp zwei Jahren, als wir die erste Marktstudie zu dem Thema in Deutschland erstellt haben, gab es nur etwas mehr als 20 börsennotierte Firmen. Viele davon waren jedoch noch in so frühen Phasen der Exploration, dass wir diese Firmen nicht in die nähere Betrachtung einbezogen haben.

Schon sehr viel früher hat sich der US-Rohstoffexperte John Kaiser mit den Seltenen Erden befasst. Seinen KBFO Rare Earth Index hat er schon Anfang 2004 aufgelegt. In Zusammenarbeit mit John Kaiser stellen wir Ihnen nun in der folgenden Übersicht die wichtigsten Seltenerdfirmen vor.

Am Ende von Kapitel 16 bekommen Sie dann noch unsere Top-5-Empfehlungen aus dem Sektor.

ALKANE RESOURCES
PRODUKTION SCHON 2012 MÖGLICH

WWW.ALKANE.COM.AU
WKN/ISIN: 863617/AU000000ALK9
UMLAUFENDE AKTIEN: 249 MILLIONEN

ALKANE RESOURCES IN AUSTRALISCHE DOLLAR

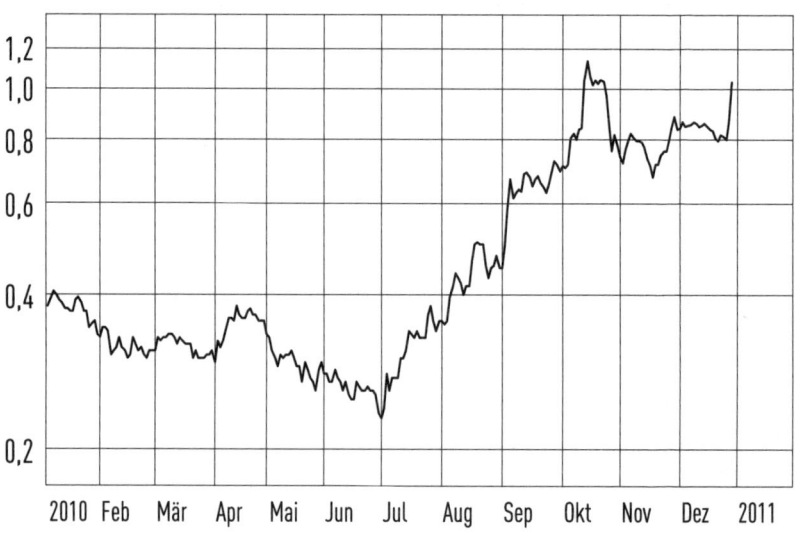

Alkane Resources ist ein australischer Rohstoffexplorer, der von Managing Director David Chalmers und Chairman John Dunlop geführt wird. Das Unternehmen ist breit aufgestellt und zum Portfolio gehört auch ein Goldprojekt. Für das Tomingley-Gold-Projekt liegt eine Ressourcenschätzung von rund 660.000 Unzen Gold vor.

Im Fokus von Alkane Resources steht ganz klar das Dubbo-Zirconia-Projekt in der australischen Provinz New South Wales. Es befindet sich in der Vor-Machbarkeitsphase. Im Gegensatz zu vielen anderen Unternehmen gibt es hier schon eine längere Explorationshistorie. Daher liegt auch eine detaillierte Schätzung für das Dubbo-

Projekt vor. Die Ressourcenbasis in der Kategorie „gemessen" beträgt 35 Millionen Tonnen, in der Kategorie „angezeigt" sogar 37,5 Millionen Tonnen. Bei beiden ergeben sich folgende Mineralisierungen: 1,96 Prozent Zirconium, 0,46 Prozent Niob und 0,75 Prozent SEO.

Es ist bereits eine Testanlage zur Weiterverarbeitung auf dem Projektgelände in Betrieb. Dort soll die Verwertungsrate der SEOs verbessert werden. Seit 2009 werden schon Zirconium und Niob an potenzielle Kunden geliefert. Das Gleiche erwartet Alkane Resources im weiteren Jahresverlauf 2011 auch für Yttrium und SEO.

Erste Ergebnisse aus der Anlage sollen in die Erweiterung der schon seit 2002 vorliegenden Machbarkeitsstudie einfließen. Hier ist die Veröffentlichung noch für das erste Halbjahr 2011 geplant.

Bezüglich der Infrastruktur bietet das Dubbo-Projekt gute Chancen. In der Region in Westaustralien leben rund 80.000 Menschen. Neben Strom- und Gasversorgung ist der Ort Dubbo auch ein wichtiger regionaler Verkehrsnotenpunkt.

Das Dubbo-Projekt ist von großer Bedeutung. Außerhalb von China weist das Projekt den fortgeschrittensten Zustand auf, was Vorkommen von Zirconium, Niob, Yttrium und Seltenen Erden betrifft. Das liegt vor allem an dem hohen Anteil von schweren Seltenen Erden. Dies ist ein großer strategischer Vorteil, weil mit diesen Produkten deutlich höhere Marktpreise zu erzielen sind.

Insofern hat das Dubbo-Projekt einen strategischen Vorteil gegenüber dem Mount-Weld-Projekt von Lynas und dem Mountain-Pass-Projekt von Molycorp in Kalifornien. Auf Basis der aktualisierten Machbarkeitsstudie soll bis Mitte 2011 eine Produktionsentscheidung fallen. Der Produktionsbeginn könnte dann schon im ersten Halbjahr 2012 liegen.

Obwohl es dort auch größere Mengen Uran gibt, ist das Vorkommen nicht als radioaktiv klassifiziert. Laut der vorliegenden Schätzung sind es rund 23 Millionen Pfund. Diese Ressource kann aber nicht vermarktet werden, denn der Betrieb von Uranminen ist in New South Wales untersagt. Den Umsatz mit den anderen Produkten gibt Alkane Resources in einer ersten konservativen Prognose mit 135 Millionen US-Dollar an.

ARAFURA RESOURCES
CHINESISCHER GROSSAKTIONÄR
SCHON SEIT 2009 DABEI

WWW.ARAFURARESOURCES.COM.AU
WKN/ISIN: 787896/AU000000ARU5
UMLAUFENDE AKTIEN: 290,64 MILLIONEN

ARAFURA RESOURCES IN AUSTRALISCHE DOLLAR

Das australische Unternehmen Arafura Resources ist mit dem Hauptprojekt Nolans im Northern Territory aktiv. Dies ist ein Seltenerdprojekt mit Phosphat- und Urananteilen. Es liegt eine Ressourcenschätzung von rund 30,3 Millionen Tonnen Erz in allen Kategorien vor. Es beinhaltet 848.000 Tonnen SEO, 3,9 Millionen Tonnen Phosphat und 13,3 Millionen Pfund Uran. Arafura Resources fertigt gerade eine bankfähige Machbarkeitsstudie an. Deshalb brachte Arafura im Herbst 2010 im Rahmen einer Kapitalerhöhung 75 Millionen Aktien zum Preis von 1,20 Australischen Dollar auf den Markt. Die Studie soll im vierten Quartal 2011 fertig sein.

Dieses Projekt hat auch schon das Interesse der Chinesen geweckt. So wurde 2009 ein Investor mit rund 22 Prozent der Aktien größter Anteilhaber. Das East China Exploration & Development Bureau (ECE) wird auch nach der Kapitalerhöhung größter Aktionär bleiben. Aus diesem Grund hat Arafura Resources die Ausgabe von weiteren 21,5 Millionen Aktien beschlossen, die ECE ebenfalls zum Preis von 1,20 Australischen Dollar angeboten wurden.

Die Pläne sehen derzeit eine Jahresproduktion von rund 20.000 Tonnen Seltenerdoxiden vor. Dieses Niveau ist im Jahr 2016 möglich, also im dritten Produktionsjahr. Zusätzlich werden Phosphorsäure und Uran produziert. Demnach ist eine positive Produktionsentscheidung zu erwarten, da das sehr hohe Niveau aufgrund der enormen Größe der Ressource 20 Jahre aufrechterhalten werden kann.

Zusätzlich dient das frische Kapital der Finanzierung neuer Bohrprogramme, um die Grenzen der Mineralisierung zu entdecken. Bislang wurde nur bis 130 Meter Tiefe exploriert.

Der Gesamtgehalt an Seltenerdoxiden beträgt bei diesem Projekt 2,8 Prozent. Dabei handelt es sich hauptsächlich um leichtere Seltene Erden von Lanthan bis Gadolinium. Es liegen aber auch hohe Neodymkonzentrationen bis 21,2 Prozent vor, die deutlich über denen vergleichbarer Vorkommen liegen. Auch beim wirklich seltenen Yttrium liegt die Konzentration mit 1,32 Prozent um ein Vielfaches über den vergleichbaren Werten beispielsweise des Mount-Weld-Vorkommens von Lynas, das ebenfalls in Australien liegt.

Positiv für den Produktionsprozess ist die sehr oberflächennahe Mineralisierung. So ist hier Tagebau möglich, der die Förderkosten niedrig hält. Schon 2009 baute Arafura eine erste Pilotanlage auf dem Projektgelände auf, die einen patentierten Prozess zur metallurgischen Verarbeitung einsetzt. Dabei gelangen Verwertungsraten von 77,5 Prozent, bezogen auf alle SEOs. Rund ein Drittel des Umsatzes wird das Nolans-Projekt aber mit Phosphorsäure und Uran erzielen. Laut bereits vorliegenden Planungen könnte die Produktion ein Volumen von 3.000 Tonnen am Tag haben, wobei der Aufbau der gesamten Anlagen bis zu 420 Millionen Australische Dollar kosten würde.

AVALON RARE METALS
BEIM NECHALACHO-PROJEKT GIBT ES EINEN HOHEN ANTEIL SCHWERER SELTENER ERDEN

WWW.AVALONRAREMETALS.COM
WKN/ISIN: A0RF6R/CA0534701002
UMLAUFENDE AKTIEN: 103,15 MILLIONEN

AVALON RARE METALS IN KANADISCHE DOLLAR

Auch nach dem Ende der Finanzkrise fällt es vielen Rohstoff-Firmen noch sehr schwer, neue Finanzierungen zu organisieren. Viele institutionelle Investoren sehen Projekte, die vielleicht erst in einigen Jahren in Produktion gehen, skeptisch. Hat man als Explorer jedoch die richtigen Rohstoffe, ist es gar nicht schwer, an frisches Geld zu kommen. Richtige Rohstoffe sind derzeit fraglos die Seltenen Erden. Vor zwei Jahren konnte kaum ein Investor etwas mit diesem Thema anfangen, aber das hat sich komplett gewandelt.

Der kanadische Explorer hat erst kürzlich eine Finanzierung abgeschlossen. Während andere Unternehmen froh sind, eine oder

anderthalb Millionen Dollar an frischem Kapital einzusammeln, gelang es Avalon Rare Metals, neue Papiere für 30 Millionen Dollar zu platzieren. Für diese große Summe brauchte das Unternehmen nur 9,24 Millionen Stücke zu 3,25 Dollar auszugeben. Auf die großen Chancen der Aktie wiesen die Autoren schon vor fast zwei Jahren im Börsendienst *Stock Day Report* hin. Damals notierte sie noch bei rund 0,20 Dollar. Seitdem ist viel passiert und der Kurs ist durch die Decke gegangen. Den jüngsten Schub lösten Aussagen von Avalon-CEO Don Bubar aus, der erst vor Kurzem feststellte, dass „wir mit der Vor-Machbarkeitsstudie jetzt in einem Stadium sind, wo wir ernsthaft in Übernahmegespräche einsteigen können".

Avalon Rare Metals entwickelt das Nechalacho-Projekt in den kanadischen Northwest Territories. Der Produktionsbeginn ist dort erst für Ende 2015 geplant. Doch schon jetzt interessieren sich potenzielle Kunden für das Projekt und das Unternehmen.

Avalon möchte auf dem sehr abgelegenen Gelände eine Mine und eine Aufbereitungsanlage installieren. Eine hydrometallurgische Anlage zur weiteren Verarbeitung soll an einem zweiten Standort entstehen, der näher an allgemeiner Infrastruktur und einem Hafen liegt.

Aktuell plant Avalon eine anfängliche Produktionsmenge von 1.000 Tonnen am Tag, die bis zum vierten Jahr auf rund 2.000 Tonnen vergrößert werden soll. Die Vormachbarkeitsstudie legt jedoch nahe, dass Avalon auch schon mit 2.000 Tonnen am Tag beginnen könnte. Das würde das Projekt noch interessanter machen.

Es wurde eine durchschnittliche Dicke der erzführenden Schichten von 30 Metern ermittelt. Der Anteil der Seltenerdmetalle liegt bei zwei Prozent und der Anteil schwerer Seltenerdmetalle hieran gar bei 20 Prozent. Laut der geschätzten Nachfrage 2014 könnte Avalon mit Nechalacho 6,5 Prozent Anteil am Weltmarkt erreichen. Bei den schweren Seltenerdmetallen läge der Anteil sogar bei 16 Prozent.

Dank zahlreicher neuer Anwendungen wird es laut Don Bubar in wenigen Jahren zu einem Angebotsengpass kommen. Zudem kontrolliert China mehr als 90 Prozent der weltweiten Reserven. Da Avalon jedoch ein Projekt in Nordamerika besitzt, hat das Unternehmen große Chancen, dessen Potenzial am Markt zu vergolden.

CHINA RARE EARTH HOLDINGS
PRODUZENT AUS CHINA

WWW.CREH.COM.HK/ENG/
WKN/ISIN: 590363/KYG210891001
UMLAUFENDE AKTIEN: 1,67 MILLIARDEN

CHINA RARE EARTH HOLDINGS IN HONGKONG-DOLLAR

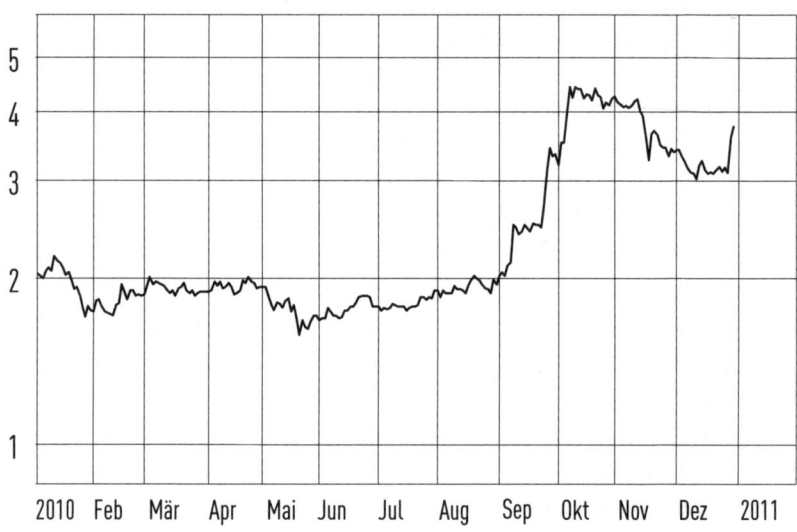

In China gibt es sehr viele kleine Produzenten von Seltenen Erden. Mit der China Rare Earth Holdings erhalten auch ausländische Investoren die Chance, in einen der größeren Produzenten direkt zu investieren. Die Aktie ist immerhin schon seit Oktober 1999 an der Börse in Toronto gelistet. Auch in Frankfurt kann dieser Titel gehandelt werden. Damit war China Rare Earth Holdings die erste chinesische Aktie aus dem Sektor der Seltenen Erden mit einem Auslandslisting. Die Wurzeln des Unternehmens reichen zurück bis ins Jahr 1987. Damals begann die Firma in der chinesischen Stadt Yixing in der Provinz Jiangsu zunächst mit einer Separationsanlage

für Seltene Erden. Im Laufe der Jahre hat sich das Unternehmen aber auch einen guten Ruf als Produzent von Seltenerdprodukten erarbeitet. Die jährliche Produktionskapazität von SEOs liegt bei 6.500 Tonnen. Zudem produziert das Unternehmen 100.000 Tonnen fertige Produkte. Dazu zählen fluoreszierende Materialien, Poliermittel und hitzebeständige Keramik.

Die Seltenerdprodukte werden zu einem großen Teil ins Ausland geliefert. Zu den wichtigsten Abnehmerländern gehören die Vereinigten Staaten, Japan, Europa und Korea. Die hitzebeständigen Produkte bleiben jedoch hauptsächlich in China und gehen zum Teil auch nach Japan. Zu den bekannten Namen auf der Kundenliste gehören internationale Unternehmen wie General Electric, Nippon Electric Glass und Siemens.

Das Unternehmen besitzt zudem eine eigene Forschungs- und Entwicklungsabteilung. In diesem Bereich konzentriert man sich darauf, die schon bestehenden Produkte weiter zu verbessern.

Im Geschäftsjahr 2009 lag der Umsatz bei 1,2 Milliarden Hongkong-Dollar. Dabei hat China Rare Earth Holdings ein Vorsteuerergebnis von 144,1 Millionen Euro erzielt. Der Nettogewinn lag bei annähernd 85 Millionen Hongkong-Dollar. Den positiven Geschäftsverlauf nutzte das Unternehmen auch, um 290 Millionen Hongkong-Dollar an Schulden abzubauen. Dennoch blieb noch ein operativer Cashflow von 171 Millionen Euro. Dieser fiel jedoch im Vergleich zu 2008, als der Wert noch 252 Millionen Euro betragen hatte, deutlich niedriger aus. Das lag aber auch am deutlich geringeren Volumen des Handels mit Seltenerdprodukten im Krisenjahr 2009.

COMMERCE RESOURCES
NEBEN TANTAL UND NIOB AUCH
SIGNIFIKANTE SELTENE ERDEN

WWW.COMMERCERESOURCES.COM

WKN/ISIN: A0J2Q3/CA2006971006

UMLAUFENDE AKTIEN: 175,8 MILLIONEN

COMMERCE RESOURCES IN KANADISCHE DOLLAR

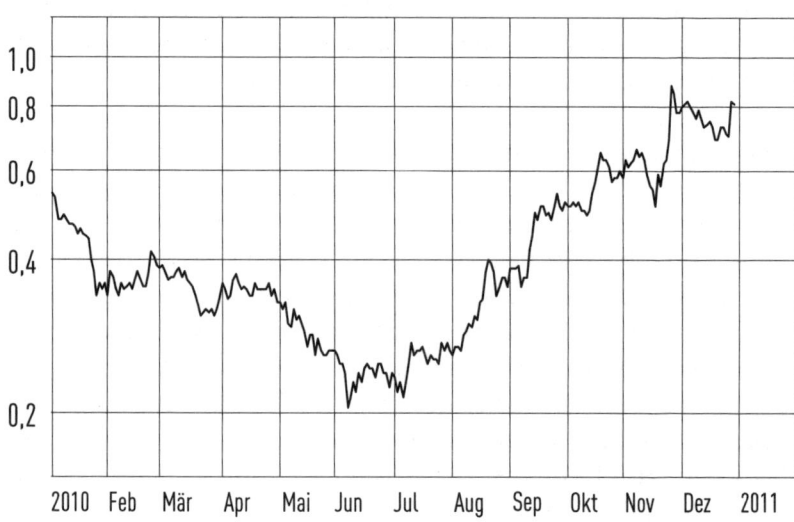

Einen ganz besonderen Schwerpunkt hat der kanadische Explorer Commerce Resources: Im Fokus der Aktivitäten stehen Tantal und Niob. Diese beiden Spezialmetalle sind für ein breites Spektrum von Hightech-Produkten unentbehrlich. Tantal besticht neben dem hohen Schmelzpunkt durch die Fähigkeit, elektrische Energie zu speichern. Niob hingegen wird vornehmlich als Legierungszusatz für hochfeste und haltbare Superstähle verwendet. Das Hauptprojekt von Commerce Resources ist das Blue-River-Projekt. Schon jetzt liegen für die insgesamt drei Lagerstätten (Verity, Fir und Upper Fir) Ressourcenschätzungen vor. Das vorrangige Ziel ist nun, die Upper-Fir-

Lagerstätte in Produktion zu bringen. Zwischen 2005 und 2008 wurden dort 153 Bohrlöcher angelegt. Auf Basis dieser Daten ergibt eine Ressourcenschätzung nach NI 43-101 eine angezeigte Ressource von 11,31 Millionen Tonnen. Die Durchschnittswerte liegen bei 198 Gramm Tantal und 1.170 Gramm Niob pro Tonne. Die daraus abgeleitete Ressource umfasst 26,24 Millionen Tonnen mit durchschnittlich 194 Gramm Tantal und 1.182 Gramm Niob pro Tonne. Vorteil: Das Projekt befindet sich zu 100 Prozent im Besitz von Commerce Resources.

Im Jahr 2009 nahm das Unternehmen weitere Bohrungen sowie metallurgische Testarbeiten vor. Nach deren Ergebnissen präsentierte Commerce Resources erst kürzlich eine aktualisierte Ressourcenschätzung für das Upper-Fir-Vorkommen. Demnach ist die dortige Ressource knapp 7,4 Millionen Tonnen groß. Der durchschnittliche Tantal-Gehalt liegt bei 217 ppm und beim Niob sind es sogar 1.200 ppm. Der Cut-Off-Grade, also der geringste Metallgehalt, ab dem sich der Abbau lohnt, liegt jedoch nur bei 175 ppm. Somit reichen die Mineralisierungen im Upper-Fir-Vorkommen auf jeden Fall für den wirtschaftlichen Abbau aus. Es ergibt sich eine Menge von 7,7 Millionen Pfund Tantal und 44,4 Millionen Pfund Niob. Die Bohrergebnisse von 2008 und 2009 ergaben zudem, dass die Mineralisierung noch nach Süden und Osten offen ist. Für die weitere Exploration hat Commerce Resources mit Barmitteln im zweistelligen Millionenbereich noch genügend Liquidität. Tantal- und Niob-Vorkommen außerhalb Chinas erlangen eine immer größere Bedeutung. Das geht auch aus einer neuen US-Gesetzesinitiative hervor, die sich mit „Konflikt-Metallen" speziell aus China beschäftigt.

Zusätzlich legte Commerce Resources für das Eldor-Projekt in Quebec im Herbst 2010 sehr gute SEO-Bohrergebnisse vor. Bei zwei Löchern lag die Mineralisierung auf mehr als 350 Metern Länge bei knapp zwei Prozent. Zudem ist das Muttergestein Karbonatit. Dies bedeutet für die spätere Produktion bessere Ausbringungsraten und niedrigere Kosten. Die Wirtschaftlichkeit von Seltenerdprojekten aus Karbonatit hat sich in der Vergangenheit erwiesen. So gehört auch die weltgrößte Mine Bayan Obo in diese Kategorie.

DACHA STRATEGIC METALS
INNOVATIVES KONZEPT ALS HÄNDLER

WWW.DACHACAPITAL.COM
WKN/ISIN: A1C6FZ/CA2334071057
UMLAUFENDE AKTIEN: 101,58 MILLIONEN

DACHA STRATEGIC METALS IN KANADISCHE DOLLAR

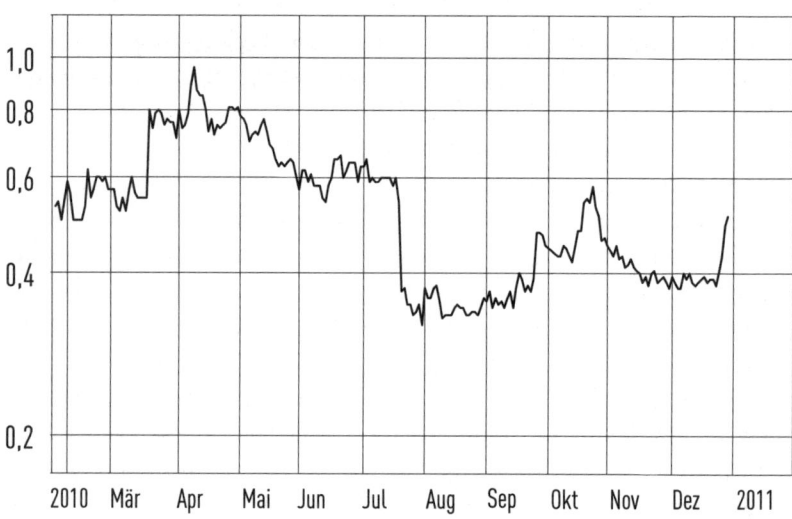

Ein ganz besonderes Konzept verfolgt das kanadische Unternehmen Dacha Strategic Metals. Es kauft die Seltenen Erden direkt in China auf und fungiert als Händler am Markt. Der Vorteil für Investoren: Es besteht kein Minenrisiko. Zudem kann zu jedem Zeitpunkt der faire Wert des Unternehmens bestimmt werden, denn die gelagerten Mengen werden veröffentlicht. Daher ist dies auch weniger eine klassische Rohstoffaktie, als vielmehr ein allgemeines Investment in den Sektor der Seltenen Erden. Die neuesten Zahlen zeigen, dass das Geschäftsmodell funktioniert. Die größte Herausforderung für Dacha besteht naturgemäß darin, auch tatsächlich an

genügend Seltenerdoxide zu kommen. Ende 2010 meldete Dacha den Handel mit 70 Tonnen schwerer Seltener Erden. Das war zum einen der Kauf von 30 Tonnen direkt in China, die zum Depot des Unternehmens in Pusan (Südkorea) geliefert wurden. Die Lieferung hatte einen Gesamtwert von 5,1 Millionen US-Dollar und sie bestand aus zehn Tonnen Gadoliniumoxid, zehn Tonnen Dysprosiumoxid und zehn Tonnen Neodymoxid. Das war der erste Deal mit diesem besonders begehrten Element. Zum anderen verkaufte Dacha 40 Tonnen aus dem Lagerbestand in Pusan. Dieser Verkauf an verschiedene Kunden hatte einen Wert von 9,71 Millionen US-Dollar.

Mit den jüngsten Käufen setzt Dacha Strategic Metals die positive Entwicklung fort. So stieg der Wert der eigenen Bestände von März 2010 bis Ende September 2010 um rund 35 Prozent. Dacha kann schon jetzt sichere Lieferungen von strategischen Metallen und Seltenen Erden bieten. Viele internationale Projekte gehen hingegen erst in den nächsten zwei bis fünf Jahren tatsächlich in Produktion. Bei vielen anderen Vorkommen liegen zwar schon Ressourcenschätzungen vor, aber ob sie dann auch tatsächlich ökonomisch genutzt werden können, steht noch in den Sternen.

Zudem existieren weltweit keine größeren Lagerbestände an Seltenen Erden. So haben die Vereinigten Staaten keine strategischen Reserven. Und das, obwohl die größte Volkswirtschaft zu 100 Prozent auf Importe angewiesen ist. Hier liegt die Chance von Dacha Capital.

Zudem hat dieses Geschäftsmodell gegenüber Minen noch einen weiteren strategischen Vorteil: Dacha kann sich auf die begehrten schweren Seltenen Erden konzentrieren und deren hohe Margen nutzen. Minenbetreiber können nur den Produktmix am Markt anbieten, den ihr Vorkommen hergibt. Ist aber der Anteil der leichten Seltenen Erden sehr hoch, so ist es auch auf dem aktuellen Preisniveau nur sehr schwer, eine Mine profitabel zu betreiben. Dank bestehender Lieferverträge mit chinesischen Produzenten wäre Dacha Strategic Metals auch nicht von weiteren Exportbeschränkungen durch China betroffen. Insofern bietet Dacha Capital ein interessantes Geschäftsmodell im Bereich der Seltenen Erden, das sich deutlich von den gängigen Minenunternehmen unterscheidet.

FRONTIER RARE EARTHS
IPO ERST IM NOVEMBER 2010

WWW.FRONTIERRAREEARTHS.COM
WKN/ISIN: A1C9QT/VGG368301005
UMLAUFENDE AKTIEN: 99,1 MILLIONEN

FRONTIER RARE EARTHS IN KANADISCHE DOLLAR

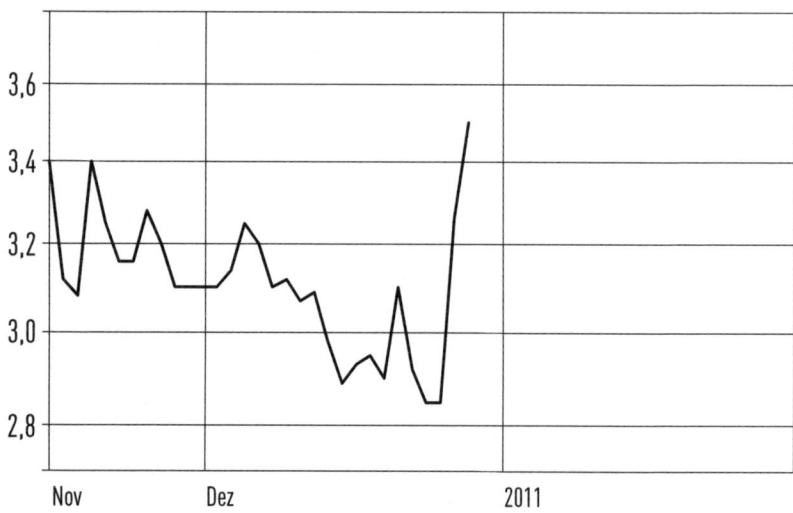

Mitten im Aufschwung der Seltenerd-Aktien wagte Frontier Rare Earths im November 2010 den Gang an die Börse, der bei der guten Stimmung ein voller Erfolg war. Südafrika ist in Sachen Rohstoffe ein ganz wichtiges Land. Bei Platin führt es die weltweite Produktions sogar mit weitem Abstand an. Auch bei Seltenen Erden gab es schon Projekte. Ein Beispiel ist Great Western Minerals mit dem Steenkampskraal-Projekt, das wieder in Produktion gebracht werden soll.

Frontier Rare Earths hingegen entwickelt ein noch relativ neues Vorkommen namens Zandkopsdrift-Projekt. Entdeckt wurde es 2005 und Frontier sicherte sich schon 2006 die Minenrechte.

Bei dem Vorkommen gab es schon intensive Explorationsarbeiten von Anglo American und Frontier Rare Earths. Eine Ressourcenschätzung nach NI 43-101 liegt bereits vor. Dabei hat es auch hochgradige Zonen gegeben. Zwei davon (ZC1-B und ZC1-C) zählen bezüglich des Neodym-Gehalts zu den drei besten Vorkommen außerhalb von China. Die Erschließung ist dank der oberflächennahen Mineralisierung relativ einfach. Somit ist das Vorkommen kostengünstig im Tagebau abbaubar. Die gute Infrastrukturanbindung des Projekts eröffnet das Potenzial, sehr bald in Produktion zu gehen. Laut internen Planungen könnte Frontier Rare Earths dies direkt nach Molycorp mit der Mountain-Pass-Mine und Lynas mit der Mount-Weld-Mine tun.

Die Mineralzone ZC-1 gehört zu den größten Karbonatitkomplexen der Welt und erinnert in der Mineralisierung an das Mount-Weld-Vorkommen von Lynas. Explorationsarbeiten von Anglo American fanden dort schon in den 1970er-Jahren statt. Damals ging es um Phosphate. Die konkrete Exploration nach Seltenen Erden folgte dann in den 1980er-Jahren. Doch durch den Preisverfall auf dem Weltmarkt wurden diese Anstrengungen beendet.

Die schon vorliegende NI-43-101-Schätzung ergab in der Kategorie „angezeigt" 22,9 Millionen Tonnen mit einem durchschnittlichen Grad von 2,32 Prozent. Das ergibt eine SEO-Ressource von 532.000 Tonnen. Legt man einen Mindestgehalt von 1,5 Prozent zugrunde, so verringert sich logischerweise die Ressource auf nur noch 16,6 Millionen Tonnen Erz. Gleichzeitig steigt aber die durchschnittliche Mineralisierung auf 2,74 Prozent, sodass sich immer noch eine Ressource von 453.000 Tonnen ergibt.

Nun geht es um die Metallurgie des Vorkommens. Auch hier gibt es schon erste, sehr vielversprechende, Indikatoren, denn es handelt sich um ein konventionelles Vorkommen, für das es schon erprobte Verarbeitungsanlagen gibt. Da auch die Anteile der radioaktiven Elemente Thorium und Uran nicht sehr hoch sind, dürfte die Verarbeitung der Seltenen Erden aus dem Zandkopsdrift-Projekt mit bekannter Technologie möglich sein. Den Start der Produktion mit bis zu 20.000 Tonnen SEO pro Jahr plant Frontier schon für 2014.

ERDEN

GREAT WESTERN MINERALS
LIEFERT AUCH VERARBEITETE
SELTENE-ERDEN-PRODUKTE

WWW.GWMG.CA
WKN/ISIN: 86786/CA39141Y1034
UMLAUFENDE AKTIEN: 243,5 MILLIONEN

GREAT WESTERN MINERALS IN KANADISCHE DOLLAR

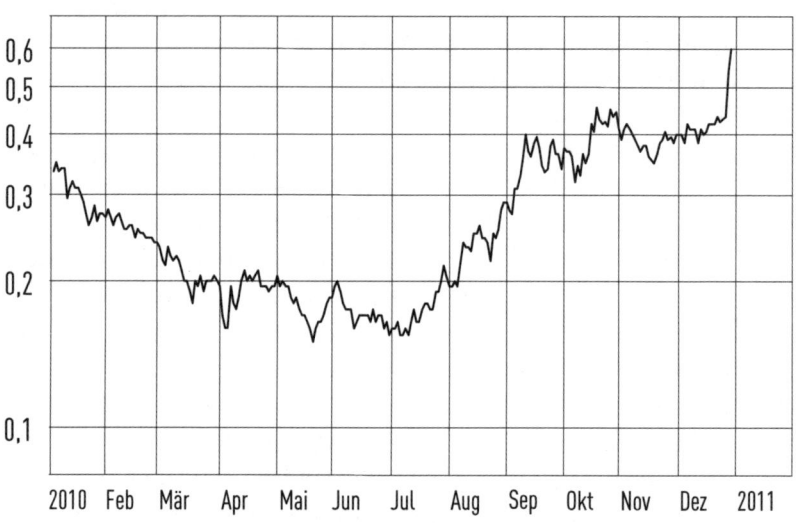

Der kanadische Explorer Great Western Minerals verfolgt im Sektor der Seltenen Erden eine zweigeteilte Strategie. Das Unternehmen ist sowohl an aussichtsreichen Seltenerdprojekten als auch an Unternehmen zur Weiterverarbeitung beteiligt. Der Schwerpunkt liegt auf der ehemaligen Produktionsstätte Steenkampskraal in Südafrika, wo es aktuell um eine Lieferregelung mit dem Besitzer geht.

Laut der aktuellen Planung soll die Mine im zweiten Halbjahr 2013 wieder produzieren. Zudem ist ein neues Explorationsprogramm geplant. Auf diesem Weg will Great Western Minerals das weitere Potenzial des Projekts erschließen und sicherstellen, dass es

auch eine deutlich größere Jahresproduktion als die bisher ange-
strebten 2.700 Tonnen SEO pro Jahr geben könnte.

Bei den verschiedenen Seltenerdprojekten in Kanada will Great
Western Minerals den Fokus weiter auf schwere Seltene Erden legen.
Im Herbst 2010 gab es Ergebnisse für das Red-Wine-Vorkommen in
der kanadischen Region Labrador. Bei vier weiteren Löchern wurde
die Mineralisierung bestätigt. Bislang lagen hier nur Oberflächenproben als Indikation vor. Nun ist aber klar, dass die Mineralisierung auch unterhalb von 217 Metern noch in der Tiefe sowie nach
Nordwesten und nach Osten offen ist.

Doch im Gegensatz zu vielen anderen Unternehmen im Segment
der Seltenen Erden hat Great Western Minerals zusätzlich kleinere
Firmen wie beispielsweise Less Common Metals (LCM) übernommen, die Legierungen auf Seltenerdbasis herstellen. Diese Firma ist
der eigentliche Katalysator bei Great Western Minerals. Allerdings
befindet sich LCM in einer schwierigen Lage. Durch die Spezialisie-
rung auf die Produktion von Samarium-Kobalt-Magneten ist LCM
auf Lieferungen aus China angewiesen. Doch die deutlich gesenkten
Exportquoten haben einen negativen Einfluss auf die Konkurrenz-
fähigkeit von LCM. Hinzu kommt, dass Samarium international
für mehr als 30 US-Dollar je Kilogramm gehandelt wird. Die chinesischen Produzenten müssen jedoch nur den internen Marktpreis
von etwas weniger als drei US-Dollar zahlen. Auf diesem extrem
hohen Niveau wird es für LCM schwierig werden, die nächsten beiden Jahre zu überstehen, es sei denn, die Lagerbestände an Samarium sind so hoch, dass es erst einmal nicht auf die chinesischen Exporte angewiesen ist. Doch dazu schweigt Great Western Minerals.

Da die Seltenerdprojekte in den nächsten fünf Jahren nicht in
Produktion gebracht werden können, konzentriert sich die weitere
Entwicklung des Unternehmens auf die Zukunft von LCM. Damit
bietet die Aktie von Great Western Minerals keine direkte Möglich-
keit, auf den Trend der Seltenen Erden zu setzen. Durch die auf den
Weg gebrachte Ausweitung der Produktionskapazitäten von LCM
bietet aber auch Great Western Minerals im kleinen Segment der
Seltenen Erden eine besondere Chance.

GREENLAND MINERALS AND ENERGY
GRÖNLAND RÜCKT BEI SELTENEN ERDEN
IN DEN FOKUS

WWW.GGG.GL
WKN/ISIN: A0JM17/AU000000GGG4
UMLAUFENDE AKTIEN: 250 MILLIONEN

GREENLAND MINERALS AND ENERGY IN AUSTRALISCHE DOLLAR

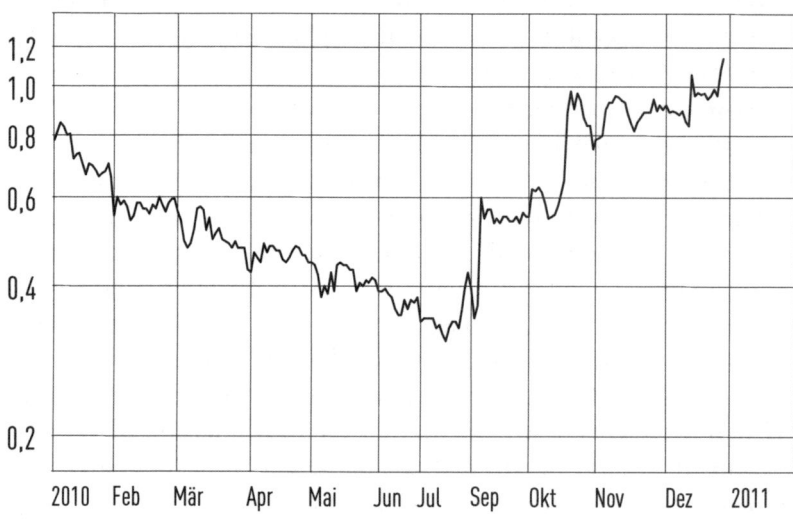

Grönland ist auf der Rohstofflandkarte noch ein weißer Fleck. Doch das wird sich bald ändern. Die riesige Insel blickt auf eine Erdgeschichte von mehr als vier Milliarden Jahren zurück. Rund 80 Prozent der Landfläche sind mit einer Eisschicht überzogen. Das erschwert zwar die Erschließung, aber die dort tätigen Unternehmen können sicher sein, auf noch unberührte Vorkommen zu stoßen. Die Attraktivität Grönlands verdeutlicht auch die Aktivität des Rohstoffkonzerns Rio Tinto. Durch eine Kooperation mit NunaMinerals ist der Bergbaugigant an der Erschließung verschiedener Vorkommen beteiligt.

Ebenfalls auf Grönland aktiv ist Greenland Minerals & Energy. Der australische Rohstoffexplorer bearbeitet das Kvanefjeld-Projekt im äußersten Südwesten der Insel Grönland. Im Herbst 2010 hatte es einige Irritationen über die Haltung der grönländischen Regierung zu Minenaktivitäten im Allgemeinen und zum möglichen Abbau von Uran im Besonderen gegeben. Da das Kvanefjeld-Projekt eben nicht nur Seltene Erden sondern auch einen größeren Anteil Uran enthält, stand die Aktie von Greenland Minerals geraume Zeit unter Druck. Doch mittlerweile sieht es so aus, als ob sich die Lage entspannt hätte. Durch eine neue Verordnung werden nun auch radioaktive Elemente zunächst einmal für die Exploration freigegeben. Dies könnte ein erster Schritt sein, dass in der Zukunft auch der Betrieb einer Uranmine auf Grönland möglich sein könnte.

Für das Kvanefjeld-Projekt liegt seit Januar 2010 eine Vor-Machbarkeitsstudie vor. Demnach ist dort eine jährliche Produktionsmenge von 43.700 Tonnen SEO möglich. Zusätzlich besteht Potenzial für 8,6 Millionen Pfund Uran. Trotz dieser hohen Produktionsraten bringt es das Kvanefjeld-Vorkommen auf eine Lebensdauer von 23 Jahren. Doch zum Aufbau einer solchen riesigen Produktion sind zunächst Investitionen von 2,3 Milliarden Dollar nötig.

Hinsichtlich der Infrastruktur ist das Kvanefjeld-Projekt nicht so schwierig zu erschließen, wie man es in einem solchen Teil der Erde annehmen könnte. So befindet sich das Vorkommen nur sieben Kilometer vom offenen Meer entfernt. Von den dortigen sehr tiefen Fjorden können Schiffe dann direkt in den Nordatlantik starten. Zudem ergibt sich in der Region Potenzial für die Nutzung von Wasserkraft zur Stromerzeugung. Ein internationaler Flughafen ist auch nur 40 Kilometer entfernt.

Eine abschließende Machbarkeitsstudie für das Kvanefjeld-Projekt wird Mitte 2011 starten, wenn die Regierung Grönlands dazu die Genehmigung erteilt. Auf Basis der aktuell schon vorliegenden Zahlen ist die Aktie von Greenland Minerals deutlich unterbewertet, aber durch die unsichere Lage für Uranprojekte auf Grönland ist das Risiko in der Aktie momentan auch sehr groß.

HUDSON RESOURCES
HOHER NEODYMANTEIL BEI GRÖNLANDPROJEKT

WWW.HUDSONRESOURCES.CA
WKN/ISIN: A0D9RE/CA44415F1036
UMLAUFENDE AKTIEN: 69,56 MILLIONEN

HUDSON RESOURCES IN KANADISCHE DOLLAR

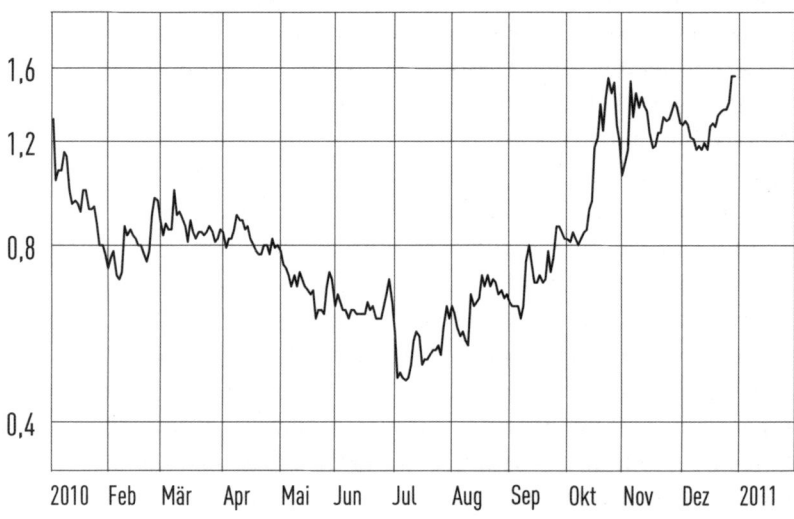

Hudson Resources ist ebenfalls in Grönland aktiv. Neben Seltenen Erden exploriert das kanadische Unternehmen bei dem Hauptprojekt Safartoq auch nach Diamanten. Den ersten Diamanten mit 2,4 Karat fand es dort im Jahr 2006. Doch die größere Fantasie ergibt sich bei Hudson Resources ganz klar aus den Seltenen Erden. Seit 2009 steht dieser Aspekt im Vordergrund. Durch Oberflächenproben sowie ein kleines Bohrprogramm mit 1.330 Metern und drei Löchern wurde das erste Potenzial getestet. Schon die Oberflächenproben brachten interessante Ergebnisse: Der SEO-Gehalt von 30 Prozent der Proben lag über einem Prozent. Bei 23 Proben, welche

immerhin sechs Prozent ausmachen, stieg der Wert sogar auf über fünf Prozent SEO.

Auf einer Fläche von elf mal neun Kilometern hat Hudson drei größere Mineralisierungen identifiziert. Für die ST1-Zone gab es im Jahr 2010 zahlreiche Bohrergebnisse. In vielen Fällen lag die SEO-Mineralisierung über einem Prozent. Dabei gab es durchaus 28 Meter lange Mineralisierungen mit bis zu 2,5 Prozent. Im November 2010 entdeckte Hudson Resources südlich der ST1-Zone Mineralisierungen mit 60 Metern und 2,6 Prozent SEO. Darin enthalten waren sogar Strecken mit 3,4 und mit 4 Prozent.

Zusätzlich zum Bohrprogramm startete im vierten Quartal 2010 auch das metallurgische Testprogramm. Das ist in dieser Branche ein ganz wichtiger Faktor. Denn anders als beim Gold reicht eine Ressource im Boden nicht aus. Bei den Seltenen Erden ist die Weiterverarbeitung der eigentliche Erfolgsfaktor.

Mit der neuen Regelung der grönländischen Regierung kann Hudson Resources auf jeden Fall auf eine Genehmigung zur weiteren Exploration des Safartoq-Projekts hoffen. Allerdings muss es zunächst die Wirtschaftlichkeit des Vorkommens unter Beweis stellen.

Insofern ist Hudson Resources noch ein Explorer im Frühstadium, bei dem Investoren noch viel Zeit mitbringen müssen. Doch die jüngsten Ergebnisse aus dem Bohrprogramm zeigen großes Potenzial. Bei Greenland Minerals hat man 2010 gesehen, wie stark das Potenzial großer Seltenerdvorkommen außerhalb Chinas ist.

Anfang 2011 hat Hudson Resources die erste NI-43-101-Ressourcenschätzung vorgestellt. Demnach umfasst die Ressource 14,1 Millionen Tonnen mit einem durchschnittlichen SEO-Anteil von 1,15%. Im Laufe des Jahres sollen weitere ökonomische Berechnungen vorgelegt werden. Dazu kommt ein ausführliches Bohrprogramm, um das neue ST1-Vorkommen näher zu bestimmen. Schon jetzt ist klar, dass Hudson über hochgradige Vorkommen verfügt. Vor allem der hohe Neodymanteil hebt dieses Projekt aus der Masse der vielen anderen heraus. Durch die frühe Phase der Entwicklung ist aber die vergleichsweise niedrige Bewertung gerechtfertigt, da in der frühen Explorationsphase auch das Risiko deutlich größer ist.

LYNAS CORP
DER ERSTE NEUE SELTENERDPRODUZENT AUSSERHALB CHINAS

WWW.LYNASCORP.COM
WKN/ISIN: 871899/AU000000LYC6
UMLAUFENDE AKTIEN: 1,657 MILLIARDEN

LYNAS CORP. IN AUSTRALISCHE DOLLAR

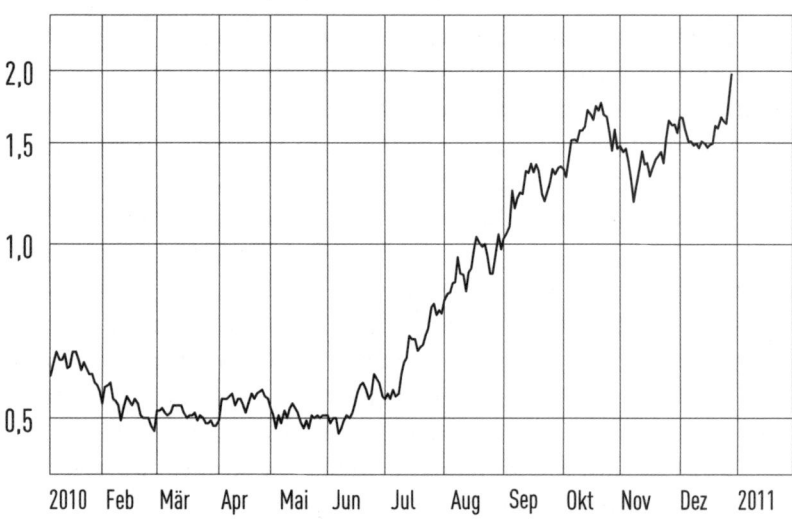

Zum Thema Seltene Erden sind mittlerweile zahlreiche Indexprodukte auf dem Markt. In den Indizes ist die Lynas-Aktie immer sehr stark gewichtet. Kein Wunder, denn mit dem Mount-Weld-Projekt in Australien hat Lynas eines der größten Seltenerdvorkommen außerhalb Chinas. Dazu ist das Projekt extrem hochgradig, was die Zahlen eindrucksvoll zeigen: Die gemessene Ressource beträgt 1,2 Millionen Tonnen mit 15,6 Prozent SEO. Das Mount-Weld-Projekt kalkuliert derzeit mit einer Produktionsmenge von 10.500 Tonnen SEO. Das ist etwa die Hälfte dessen, was Molycorp beim kalifornischen Mountain-Pass-Projekt als anfängliche Jahresproduktion anstrebt.

Interessant ist bei diesem Projekt der Cut-Off-Grade von 2,5 Prozent SEO. In der Praxis heißt das: Mineralisierungen unter 2,5 Prozent werden nicht mehr in die Ressource mit eingerechnet. Bei anderen Projekten, wie dem von Hudson Resources auf Grönland, gehören solche Konzentrationen schon zu den höchsten Werten.

Dafür ist es aber auch nicht so einfach, die Seltenen Erden beim Mount-Weld-Projekt zu fördern. Das hat 2008 dazu geführt, das Lynas die Arbeiten am Projekt einstellen musste, weil eine notwendige Finanzierung nicht auf die Beine gestellt werden konnte.

Doch die Lage hat sich bei Lynas klar verbessert. Aktuell sieht die Planung vor, noch im dritten Quartal 2011 mit der Produktion zu beginnen. Die dafür notwendigen Finanzmittel von 450 Millionen Australischen Dollar hat Lynas am Kapitalmarkt aufgenommen. Auf dem deutlich höheren Preisniveau für Seltene Erden war das sehr viel einfacher möglich. Zudem verfügte Lynas zum Stichtag 30. September 2010 über ein Betriebsvermögen von 347 Millionen Australischen Dollar, und außerdem ist das australische Unternehmen auch noch schuldenfrei, was als weiterer Pluspunkt zu werten ist.

Nun nutzt Lynas seine starke Kapitalbasis für Akquisitionen von kleineren Explorern. Dazu zählt auch die Beteiligung von 9,5 Prozent an Northern Uranium, das Projekte mit einem hohen Anteil an schweren Seltenen Erden im Westen Australiens besitzt.

Das Material der Mount-Weld-Mine wird in die eigene Weiterverarbeitungsanlage nach Malaysia transportiert. Sie sollen in der ersten Phase 11.000 Tonnen SEO pro Jahr produzieren. In der zweiten Ausbaustufe ist eine Erweiterung auf 22.000 Tonnen möglich.

In dieser fortgeschrittenen Phase hat Lynas auch schon feste Lieferverträge abgeschlossen. Neben sechs bestehenden Verträgen gibt es noch Absichtserklärungen („Letter of Intent") mit zwei weiteren Unternehmen. In der Summe bringen es allein vier Verträge zusammen auf ein Volumen von rund 500 Millionen Australischen Dollar.

Mit dem Start der Produktion 2011 ist Lynas Corp das erste Unternehmen außerhalb Chinas, das mit der weltweiten Vermarktung beginnt. Schon für 2012 stellt Lynas zudem die Ausweitung der Kapazitäten von 11.000 Tonnen auf 22.000 Tonnen in Aussicht.

MATAMEC EXPLORATIONS
GROSSER ANTEIL SCHWERER SELTENER ERDEN BEIM ZEUS-KIPAWA-PROJEKT

WWW.MATAMEC.COM
WKN/ISIN: 727511/CA5765411064
UMLAUFENDE AKTIEN: 112,4 MILLIONEN

MATAMEC EXPLORATIONS IN KANADISCHE DOLLAR

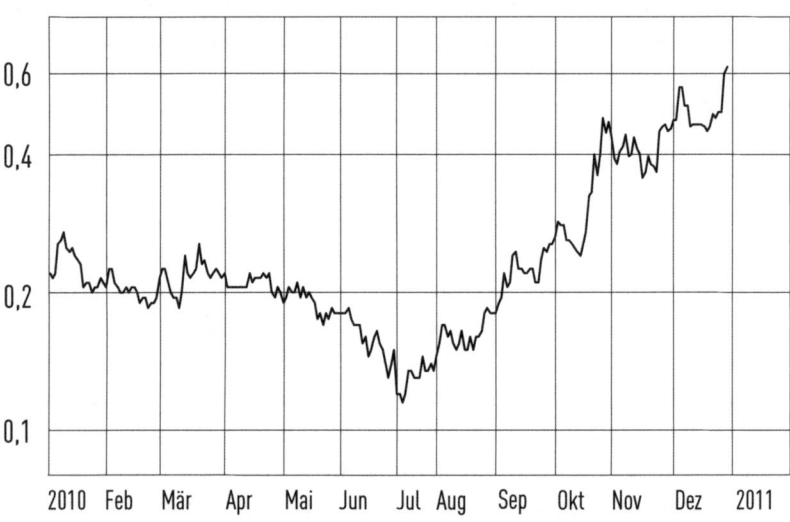

Ein weiteres Unternehmen mit einem Projekt in Kanada ist Matamec Explorations. Dabei handelt es sich genauer gesagt um das Zeus-Kipawa-Projekt in Quebec. Dort hat es schon historische Explorationsarbeiten gegeben, bei denen vor allem schwere Seltene Erden entdeckt wurden. So gibt es aus den 1980er-Jahren eine historische Schätzung für die westliche Zone über 1,26 Millionen Tonnen mit einem Yttriumgehalt von 0,15 Prozent und einem Zirconiumgehalt von 0,96 Prozent. Bei der östlichen Zone fallen die Zahlen bei einer Ressourcengröße von 1,01 Millionen Tonnen mit 0,14 Prozent Yttrium und 1,17 Prozent Zirconium noch besser aus. Daraufhin hat

Matamec ein neues Bohrprogramm gestartet und konnte im Sommer 2010 auch schon eine erste Ressourcenschätzung vorlegen. Es wurden zwei mögliche Szenarien entwickelt. Beim ersten Szenario ergab sich eine SEO-Ressource von 15.800 Tonnen.

Beim zweiten Szenario stand der Zirconiumabbau im Fokus und die Seltenen Erden würden dann nur als Beiprodukt anfallen. Daraus ergäbe sich bei einem Mindestgehalt der Mineralisierung von 0,5 Prozent eine Größe des SEO-Vorkommens von 61.300 Tonnen.

Immerhin ist schon jetzt klar, dass die Größe der Ressource ein Minenleben von mindestens zehn Jahren garantiert. Zudem befindet sich das Kipawa-Vorkommen nahe der Oberfläche und wird daher im Tagebau zu erschließen sein.

Ende 2010 startete die nächste Stufe der Exploration. Bei dem Bohrprogramm mit einer Gesamtlänge von 2.700 Metern geht es darum, die Ressource der schweren Seltenen Erden noch weiter auszudehnen. Gleichzeitig erhält das Unternehmen dadurch neues Material für notwendige ausführliche metallurgische Tests.

Das größte Potenzial ergibt sich bei Matamec ohne Frage aus dem Zirconiumanteil. Bezüglich der Umweltverträglichkeit ist das Vorkommen in Quebec sehr hoch einzustufen. Die Folgen für die Umwelt sind deutlich geringer als bei den bekannten Mineralsanden in Australien oder Südafrika. Bislang kommt jedoch noch ein Großteil des weltweit verfügbaren Zirconiums aus solchen Vorkommen.

Laut den internationalen Marktexperten von IMCOA gehört das Kipawa-Vorkommen zu den fünf aussichtsreichsten neuen Projekten, bei denen Seltene Erden im Fokus stehen. Ganz entscheidend ist hier wieder der chinesische Einfluss. So haben die IMCOA-Experten auch festgestellt, dass die chinesischen Reserven an schweren Seltenen Erden in den nächsten 15 bis 20 Jahren aufgebraucht sein werden. Doch genau in diesem Segment ist schon auf Sicht der nächsten Jahre mit einem deutlichen Wachstum zu rechnen. So ist allein aus dieser Ausgangslage heraus mit einer Schwächung der chinesischen Position auf dem Weltmarkt zu rechnen. Insofern werden Seltenerdprojekte mit einem hohen Anteil an schweren Seltenen Erden in den nächsten Jahren stark an Bedeutung gewinnen.

MOLYCORP
EHEMALS GRÖSSTE MINE DER WELT STARTET 2012
MIT NEUER PRODUKTION

WWW.MOLYCORP.COM
WKN/ISIN: A1C2G7/US6087531090
UMLAUFENDE AKTIEN: 86,47 MILLIONEN AKTIEN

MOLYCORP IN US-DOLLAR

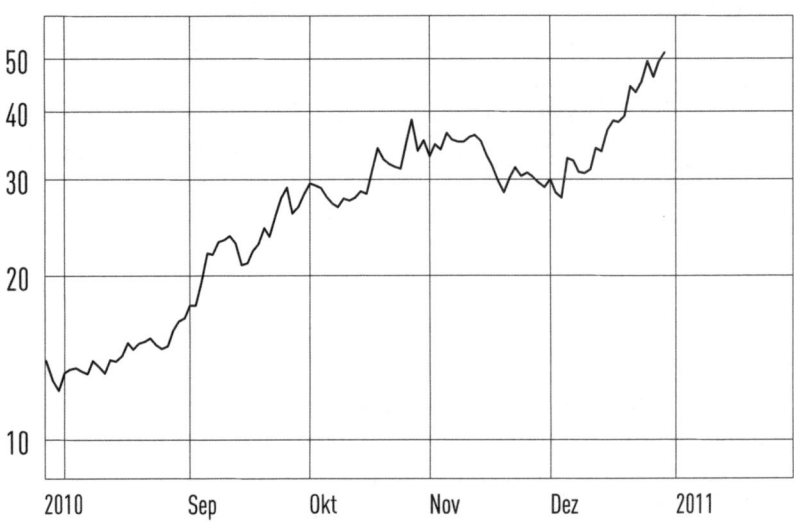

Mit der Mountain-Pass-Mine besitzt Molycorp eines der bedeutendsten Seltenerdvorkommen der Welt. Dort wurden von 1952 bis 2002 so große Mengen gefördert, dass diese Blütezeit als „Mountain-Pass-Ära" in die Geschichte der Seltenen Erden eingegangen ist. Abgelöst wurde die Vormachtstellung der kalifornischen Mine durch die chinesische Ära, die bis heute andauert. Der Verfall der Preise durch die relativ einfach zu fördernden Seltenen Erden aus China war ein Hauptgrund für die Schließung der Mine vor knapp zehn Jahren. Die nun geplante Wiedereröffnung wird Mountain Pass in einigen Jahren zu einem bedeutenden Produzenten für Seltene

Erden machen. So soll die Jahresproduktion dann bei rund 19.000 Tonnen im Jahr liegen.

Was das Mountain-Pass-Vorkommen auszeichnet, ist der hohe Grad der Mineralisierung. So liegt der Durchschnittswert bei enormen 9,2 Prozent. Daraus ergibt sich eine Größe der Ressource von 1,84 Millionen Tonnen. Zum Vergleich: Das Nechalacho-Projekt von Avalon Rare Metals weist nur einen Durchschnitt von 1,5 Prozent auf. Aber die reine Größe sagt nur bedingt etwas über die Qualität des Vorkommens aus. Laut vielen aktuellen Prognosen dürften die schweren Seltenen Erden in den nächsten Jahren in ein Angebotsdefizit rutschen. Daher ist für die Wirtschaftlichkeit des Abbaus wichtig, einen großen Anteil an schweren Seltenen Erden wie Dysprosium zu haben. Doch genau das hat das bekannte Mountain-Pass-Vorkommen nicht. Der durchschnittliche Gehalt an schweren Seltenen Erden liegt dort nur bei einem Prozent. Hier bringt es das Nechalacho-Projekt hingegen auf den starken Wert von 15 Prozent.

Die Mountain-Pass-Mine hat andererseits zunächst einen strategischen Vorteil. Sie liegt nicht nur außerhalb von China, sondern sogar in Nordamerika, was eine sichere Versorgung erwarten lässt. Zudem gab es dort früher schon eine erfolgreiche Produktion. Bei vielen neuen Projekten ist noch gar nicht klar, ob die vorhandenen Ressourcen überhaupt zu gewinnbringenden Produkten verarbeitet werden können. So lange die Testanlagen noch nicht planmäßig laufen, bleibt bezüglich der technischen Machbarkeit ein Restrisiko.

Der Börsengang von Molycorp (siehe Seite 227) im Sommer 2010 war ein großer Erfolg und brachte einen Erlös von 400 Millionen US-Dollar. Es wird bis zu 550 Millionen Dollar kosten, die Mine 2012 wieder in Betrieb zu nehmen. Die Verwertungsquote dürfte zwischen 58 und 60 Prozent liegen; als tägliche Produktionskapazität sind 1.300 Tonnen vorgesehen. Zusätzlich zur eigentlichen Produktion und Weiterverarbeitung plant Molycorp die Herstellung von Fertigprodukten. Dazu gehören vor allem Magnete. Zusätzlich hat Molycorp einen patentierten Wasserfilter namens XSORBX entwickelt, der auf Cerbasis auch stark verschmutztes Wasser wieder trinkbar macht. Hier verspricht sich Molycorp ein Riesengeschäft.

NEO MATERIAL TECHNOLOGIES
PRODUZIERT SCHON HEUTE IN CHINA UND
BELIEFERT DIE WELT

WWW.MAGNEQUENCH.COM
WKN/ISIN: A0JL2T/CA64045Y1088
UMLAUFENDE AKTIEN: 124,1 MILLIONEN

NEO MATERIAL TECHNOLOGIES IN KANADISCHE DOLLAR

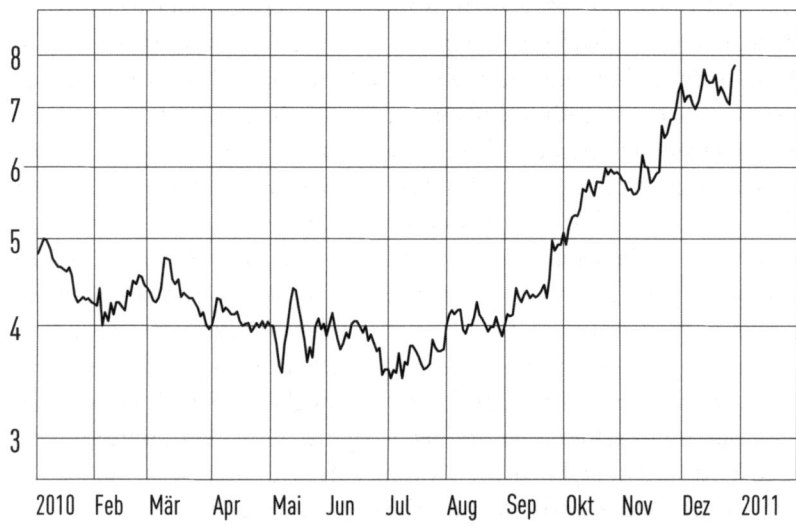

Ein Exot unter den Seltenerdunternehmen ist Neo Material Technologies. Das Unternehmen aus Toronto beeindruckt schon durch seine Größe: rund 1.300 Mitarbeiter an 15 Standorten in zehn Ländern. Im Gegensatz zu den anderen Firmen stellt es schon ein fertiges Produkt her. Das sogenannte New Powder ist ein wichtiger Bestandteil von Dauermagneten, die in Mikromotoren, Sensoren und anderen Hightech-Anwendungen zum Einsatz kommen. Diese speziellen Magnete sind vor allem dort geeignet, wo hohe Kraft bei geringer Größe und geringem Gewicht gefragt ist. Das Neo Powder hat in diesem Segment einen Weltmarktanteil von rund 80 Prozent. In den

Vereinigten Staaten ist Neo Material Technologies als einziger legaler Lieferant für die Magnetindustrie anzusehen. Da wichtige Patente auslaufen, wird jedoch die Marktstellung von Neo Material Technologies bis zum Jahr 2014 etwas geschwächt.

Im Jahr 2009 betrugen der Umsatz rund 191 Millionen US-Dollar und der Nettogewinn knapp 20 Millionen US-Dollar. Zudem verfügt Neo Material Technologies über eine Cashposition von mehr als 55 Millionen US-Dollar. Es betreibt eigene Minen in China. Am Hauptstandort Zibo liegt die Kapazität bei rund 6.000 Tonnen Seltenen Erden und 1.000 Tonnen Zirconium. Der wichtigste Unternehmensteil ist jedoch eine Neodym-Magnetpulver-Fabrik im nordchinesischen Tianjin. Ihre Kapazität liegt über 5.000 Tonnen Magnetpulver. Das Besondere: Das Neodym-Pulver wird auf Träger aufgedampft. Diese Magnete sind so leistungsfähig wie dreimal schwerere Eisenmagnete.

Da sehr viele Hightech-Produktionslinien in China angesiedelt sind, ist das Land auch der wichtigste Markt des Unternehmens: 51 Prozent des Umsatzes machte Neo Material Technologies 2009 in China. Danach folgte Japan mit 17 Prozent. Nordamerika brachte es nur auf neun und ganz Europa nur auf acht Prozent. Wegen dieser starken Fokussierung auf Asien ist es auch verständlich, dass dieses Unternehmen in Deutschland nahezu unbekannt ist. Dabei verfügt Neo Material Technologies in Stade sogar über ein Produktionszentrum und in Tübingen über ein Verkaufsbüro, von dem aus so bekannte deutsche Kunden wie BASF versorgt werden.

In Zukunft will das Unternehmen auf zwei Wegen wachsen: organisch und durch Übernahmen. Dabei gelten für Übernahmekandidaten strenge Kriterien hinsichtlich der breiten Positionierung und der geografischen Lage. In dieses Schema passte 2010 das deutsche Unternehmen Buss & Buss Spezialmetalle. Diese Firma ist auf das Recycling von Technologiemetallen und Seltenen Erden spezialisiert. Wichtigstes Geschäftsfeld ist das Recycling von Rhenium.

Dank der starken Marktstellung in China und des ausgezeichneten Netzwerks in Asien bietet Neo Material Technologies eine interessante Chance, um auf den starken Aufschwung der Seltenerdbranche in Asien zu setzen.

QUEST RARE MINERALS
DER ÜBERFLIEGER MIT
DEM STRANGE LAKE PROJEKT

WWW.QUESTRAREMINERALS.COM
WKN/ISIN: A1CXP0/CA74836T1012
UMLAUFENDE AKTIEN: 67,1 MILLIONEN

QUEST RARE MINERALS IN KANADISCHE DOLLAR

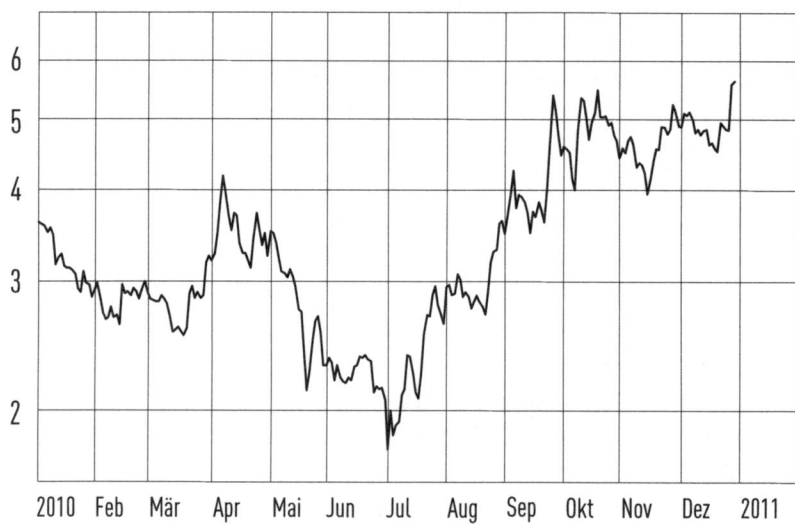

Einer der Überflieger der Branche seit Frühjahr 2009 ist sicherlich Quest Rare Minerals. Das zeigt ein Blick auf den Aktienkurs:
Im April 2009 lag der Kurs bei 0,05 Kanadischen Dollar. In der op-
timistischen Marktphase im Herbst 2010 kletterte der Aktienkurs
auf annähernd 6,00 Kanadische Dollar. Quest Rare Minerals startete als Quest Uranium und war anfangs ein Uranprojekt. Doch bald
geriet das Seltenerdprojekt Strange Lake im kanadischen Quebec in
den Fokus. Dort war schon in den 1980er-Jahren eine Ressource von
52 Millionen Tonnen Erz entdeckt worden. Das Besondere daran ist
der relativ hohe Anteil an begehrten schweren Seltenen Erden.

Mit einem 5.000-Meter-Bohrprogramm identifizierte Quest Rare Minerals im Sommer 2009 einen 1,1 Kilometer langen und 500 bis 600 Meter breiten Erzkörper. Im April 2010 folgte eine Ressourcenschätzung nach NI 43-101 von 114,8 Millionen Tonnen und einer durchschnittlichen Mineralisierung von 0,999 Prozent SEO. Interessant ist der 43-prozentige Anteil an schweren Seltenen Erden, wobei Quest hier einen Cut-Off-Grade von 0,85 Prozent zugrunde legt. Das heißt: Mineralisierungen unter 0,85 Prozent werden nicht zur Ressource gerechnet. Für 2011 ist die Fertigstellung einer Pilotanlage und einer Vor-Machbarkeitsstudie geplant. Die Finanzmittel dazu hat Quest Rare Minerals im Herbst 2010 im Rahmen einer Finanzierung im Gesamtvolumen von 46,5 Millionen Dollar aufgenommen.

Aufgrund der vorliegenden Vor-Machbarkeitsstudie ist es für Quest möglich, das Vorkommen über einen Zeitraum von 25 Jahren in der Produktion zu halten. Dabei ergibt sich eine durchschnittliche jährliche Produktion von 12.000 Tonnen SEO. Positiv ist auch zu bewerten, dass die Produktion im Tagebau erfolgen kann. Um die genannten Jahresproduktionsraten zu erzielen, wird es notwendig sein, vor Ort eine Verarbeitungsanlage mit einem Volumen von 4.000 Tonnen am Tag zu installieren. Zum Aufbau der Produktion werden finanzielle Mittel von rund 560 Millionen Kanadischen Dollar benötigt. Darin enthalten ist schon ein außerordentlicher Rücklagenfonds mit einem Anteil von 25 Prozent.

Laut der aktuellen Analyse würde sich der Umsatz der Mine aus drei Komponenten zusammensetzen: Den größten Anteil mit 57 Prozent machen dabei die Seltenerdoxide aus. Danach folgt Niob mit einem Anteil von 25 Prozent und Zirconium mit immerhin 18 Prozent. Als Basispreis für die Kalkulation hat Quest Rare Minerals dabei 21,94 US-Dollar pro Kilogramm angenommen. Dieser Preis wurde im Jahresverlauf 2010 bei einigen anderen Firmen auch verwendet. Nimmt man jedoch den Durchschnittspreis der vergangenen drei Jahre, ergibt sich ein Wert von annähernd 36,00 US-Dollar pro Kilogramm. Somit erhöht sich der aktuelle Wert des Vorkommens um mehr als 50 Prozent auf 2,3 Milliarden US-Dollar.

RARE EARTH METALS
VERSCHIEDENE PROJEKTE IN DER PIPELINE

WWW.RAREEARTHMETALS.CA
WKN/ISIN: A0YGAY/CA75382G1046
UMLAUFENDE AKTIEN: 94,60 MILLIONEN

RARE EARTH METALS IN KANADISCHE DOLLAR

Der kanadische Explorer betreibt das Clay-Howells-Projekt im Norden von Ontario. Die Explorationshistorie reicht dort bis in die 1950er-Jahre zurück. Aber Rare Earth Metals betreibt seit Anfang 2010 das erste Explorationsprogramm auf dem Gelände. Somit liegen auch schon Bohrergebnisse für das Projekt vor. So gab es ein Bohrloch mit deutlichen Mineralisierungen. Auf einer Länge von 76,6 Metern gab es 0,69 Prozent SEO und 0,12 Prozent Niob. Die ersten Ergebnisse legen nahe, dass der Anteil der leichten Seltenen Erden sehr hoch ist. Aktuell geht das Unternehmen davon aus, dass die Werte zwischen 92 und 94 Prozent liegen.

Bei der Two-Tom-Zone gibt es schon eine Länge der Mineralisierung von 1,1 Kilometern. Dabei hat es die besten Ergebnisse beim Bohrloch DDH TT-10 gegeben. Dort lag die SEO-Mineralisierung auf einer Länge von 83,25 Metern bei immerhin 1,45 Prozent. Dieses Segment gehörte zu einem längeren Abschnitt von 168,5 Metern, der es im Durchschnitt auf eine Mineralisierung von 1,03 Prozent brachte.

Neben diesem Projekt gehört auch noch ein Seltenerdprojekt in Neufundland mit zum Portfolio. Dort hat sich Rare Earth Metals im Herbst 2010 insgesamt 20 Claims gesichert. Bei den beiden ersten Bodenproben gab es Mineralisierungen von 0,83 Prozent bis 1,77 Prozent SEO. Im Durchschnitt lag die Mineralisierung bei 1,22 Prozent. Auf diesem Projektgelände ist der Anteil der schweren Seltenen Erden sehr hoch: Hier haben die ersten Proben einen Durchschnittswert von 68 Prozent ergeben.

Zur weiteren Erschließung des Projekts hat sich Rare Earth Metals nun einen Partner mit ins Boot geholt. Ab jetzt wird das Projekt in einem 50-50-Joint-Venture zusammen mit Ucore Rare Metals betrieben. Ucore kann sich einen 50-Prozent-Anteil am Projekt sichern, wenn das Unternehmen die Hälfte der Kosten für die Entwicklung und die weitere Exploration übernimmt.

Auch auf einem weiteren Vorkommen ist Rare Earth Metals aktiv. Dabei handelt es sich um das Red-Wine-Projekt in Thunder Bay in der kanadischen Provinz Ontario. Dort sind schon knapp 170 Oberflächenproben gesammelt worden. Ende 2010 hat Rare Earth Metals dazu einige Ergebnisse veröffentlicht. In der Spitze lag die SEO-Mineralisierung bei erstaunlichen 11,9 Prozent. Das war jedoch ganz klar ein Ausreißer nach oben. Ansonsten gab es häufig Werte von drei oder vier Prozent. Bei den schweren Seltenen Erden gab es beim Red-Wine-Projekt eine große Bandbreite: Hier ging es von sehr geringen drei Prozent bis zu Spitzenwerten von mehr als 60 Prozent.

RARE ELEMENT RESOURCES
VIELVERSPRECHENDES BEAR-LODGE-PROJEKT
IN DEN VEREINIGTEN STAATEN

WWW.RAREELEMENTRESOURCES.COM

WKN/ISIN: 120701/CA75381M1023

UMLAUFENDE AKTIEN: 38,8 MILLIONEN

RARE ELEMENT RESOURCES IN KANADISCHE DOLLAR

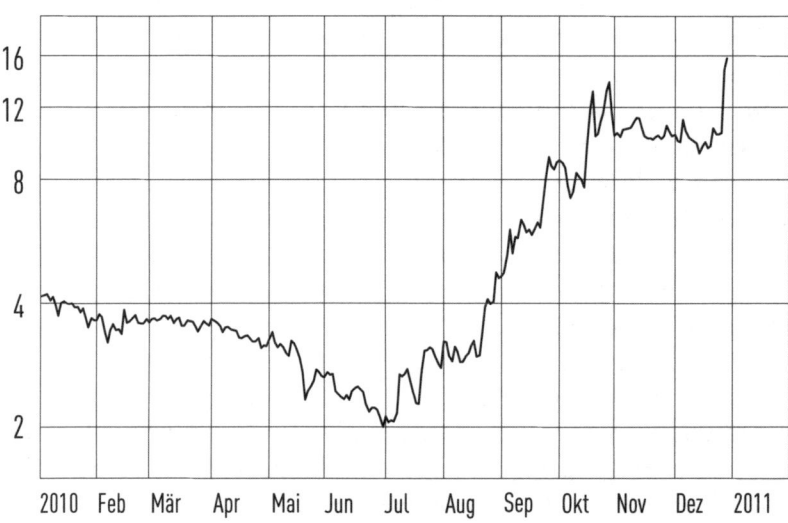

Wie der Name schon nahelegt, ist Rare Element Resources im Bereich Seltene Erden aktiv. Doch die Geschäftstätigkeit des kanadischen Unternehmens steht auf einer breiteren Basis: Zum Portfolio des Explorers gehört noch ein aussichtsreiches Goldprojekt. Beide Projekte befinden sich auf der Bear-Lodge-Liegenschaft. Beim Goldprojekt hatte Rare Element Resources zunächst mit Newmont Mining einen starken Partner. Aber der Goldproduzent zog sich im Frühjahr 2010 aus dem Projekt zurück. Auf den ersten Blick erstaunlich bei dem hohen Goldpreis, aber Newmont erhält bei einer erfolgreichen Produktion des Projekts weiterhin Royalty-Zahlungen

von 0,5 Prozent. Beim Bear-Lodge-Projekt befinden sich alle signifikanten Seltenerdmineralisierungen in Claims, die Rare Element Resources gehören. Laut einer offiziellen Studie des U.S. Geological Survey ist es möglich, dass Bear Lodge eine der größten Lagerstätten für Seltene Erden in Nordamerika beherbergt.

Für Bear Lodge liegt schon eine Ressourcenschätzung vor. In der angezeigten Kategorie umfasst die Ressource vier Millionen Tonnen mit einem SEO-Anteil von 6,65 Prozent. Dabei legt Rare Element Resources einen sehr hohen Cut-Off-Grade von vier Prozent zugrunde. Auf dieser Basis würde Cer 47 Prozent der enthaltenen Seltenen Erden ausmachen. Dann folgen Lanthan mit 31,2 Prozent, Neodym mit knapp zwölf Prozent, Praseodym mit vier Prozent, Samarium mit 2,3 und Gadolinium mit 1,2 Prozent. Die anderen Seltenen Erden hätten zusammen einen Anteil von 2,3 Prozent.

Die im November 2010 vorgelegte Scoping Study brachte sehr erfreuliche Ergebnisse. So kann das Unternehmen auf Basis der Durchschnittspreise der letzten drei Jahre eine wirtschaftliche Produktion aufbauen. Als nächster Schritt steht eine Vor-Machbarkeitsstudie an. Dafür ist ein zweistufiges Arbeitsprogramm geplant, das etwa 15 Millionen Dollar kosten wird. In der ersten Phase soll auf Basis der 2010er-Bohrergebnisse eine aktualisierte Ressourcenschätzung nach NI 43-101 angefertigt werden. Zusätzlich soll es weitere metallurgische Tests und eine Pilotanlage geben. Hier ist der Start für das Frühjahr 2011 vorgesehen. In der zweiten Phase soll ein neues Bohrprogramm durchgeführt werden, mit dessen Hilfe die bislang bekannte Mineralisierung ausgebaut werden soll. Weitere metallurgische Tests und Marktstudien sollen dann den Boden für die Vor-Machbarkeitsstudie bereiten. Der Beginn der zweiten Phase des Arbeitsprogramms ist für die zweite Hälfte 2011 vorgesehen.

Am Aktienmarkt hat Rare Element Resources einen rasanten Aufstieg erlebt. In der von den Autoren erstellten Marktstudie zu Seltenen Erden vom März 2009 wurde die Aktie bei 0,23 Euro zum Kauf empfohlen. Im Herbst 2010 kletterte sie auf mehr als neun Euro. Es ist aber zu beachten, dass es noch einige Jahre dauern wird, bis die Produktion beim Bear-Lodge-Projekt aufgenommen werden kann.

STANS ENERGY
VIEL POTENZIAL MIT ALTER MINE IN KIRGISISTAN

WWW.STANSENERGY.COM
WKN/ISIN: A0RD0N/CA8547221058
UMLAUFENDE AKTIEN: 144,16 MILLIONEN

STANS ENERGY IN KANADISCHE DOLLAR

Einen ungewöhnlichen regionalen Schwerpunkt hat der kanadische Explorer Stans Energy. Mit der historischen Produktionsstätte von Seltenen Erden Kutessay II ist Stans Energy in Kirgisistan aktiv. Dort gab es zwischen 1958 und 1991 eine historische Produktion. Die Mine musste wegen der aufkommenden günstigen Produktion in China geschlossen werden, weil sie nicht mehr wirtschaftlich war. Fakt ist aber, dass sie 30 Jahre lang rund 80 Prozent der Seltenen Erden für die ehemalige Sowjetunion produziert hat. Laut alten Daten wurden dort insgesamt rund 22.000 Tonen SEO gefördert. Dabei lag der Grad mit nur 0,41 Prozent SEO sehr niedrig, und das bei

einer Verwertungsrate von 64,5 Prozent. Eine Schätzung der kirgisischen Behörden von 1996 gibt die verbleibende Ressource mit 22 Millionen Tonnen und einem Grad von 0,22 bis 0,27 Prozent an.

Dass dort trotz der niedrigen Mineralisierungen über so einen langen Zeitraum produziert wurde, liegt am hohen Anteil der begehrten schweren Seltenen Erden Yttrium und Europium, die rund 50 Prozent der Gesamtmineralisierung ausmachen. Zudem enthält die dortige Mineralisierung auch noch Thorium, Silber, Molybdän, Blei, Zink, Tantal, Niob, Hafnium und Bismut. Durch die gute Kenntnis der Metallurgie des Vorkommens sind dort schon in früheren Zeiten bis zu 120 verschiedene Produkte mit einem Anteil an Seltenen Erden produziert worden. Dazu zählen neben den Oxiden auch zahlreiche Legierungen.

Das ist auch der entscheidende Vorteil, denn Kutessay II war die einzige Mine außerhalb Chinas, in der hauptsächlich schwere Seltene Erden produziert wurden. Und dieses Projekt befindet sich nun zu 100 Prozent im Besitz von Stans Energy. Zudem hat der kanadische Explorer die Möglichkeit, eine nahegelegene Verarbeitungsanlage mit zu übernehmen. Das würde beim Aufbau der Produktion Zeit und Geld sparen. Bei Explorationsarbeiten auf dem Gelände hat sich herausgestellt, dass eine weitere Mineralisierung namens Kutessay III existiert, die ähnliche Mineralisierungen wie Kutessay II aufweist, aber nach ersten Schätzungen wohl ungefähr doppelt so groß ist.

Als nächsten Schritt will Stans Energy nun eine neue Ressourcenschätzung nach dem australischen JORC-Standard vorlegen. Ein weiterer Meilenstein wird dann die Veröffentlichung einer Scoping Study sein, bei der auch schon erste Überlegungen zur Wirtschaftlichkeit des Vorkommens gemacht werden. Aus den beiden dann vorliegenden Elementen will Stans Energy eine Vor-Machbarkeitsstudie anfertigen. Darin wird sicherlich auch die Frage geklärt werden, wie viele Teile der alten Verarbeitungsanlage noch genutzt werden können, oder ob es für den reibungslosen Aufbau der Mine nicht besser wäre, eine komplett neue Anlage zu bauen.

Trotz der ungewöhnlichen Lage des Projekts hat die Aktie ein erfolgreiches Jahr an der Börse erlebt.

TASMAN METALS
IN SKANDINAVIEN AKTIV

WWW.TASMANMETALS.COM

WKN/ISIN: A0YGN1/CA8765B1031

UMAUFENDE AKTIEN: 55,32 MILLIONEN

TASMAN METALS IN KANADISCHE DOLLAR

Zwar stehen bei der Exploration von neuen Seltenerdprojekten Kanada und Australien im Blickpunkt, es gibt aber auch Projekte in Europa. Der kanadische Explorer Tasman Metals ist in Skandinavien aktiv. Das Hauptprojekt Norra Karr liegt in Südschweden. Dort hat Tasman Metals im November 2010 mit metallurgischen Tests begonnen. Im Mittelpunkt steht zwar Zirconium, aber zusätzlich dazu gab es auch signifikante SEO-Mineralisierungen auf dem Projekt, sodass auch dieses Unternehmen in die Auflistung gehört.

Das Bohrprogramm auf der Norra-Karr-Liegenschaft erbrachte nach 26 Bohrungen eine SEO- und Zirconium-Mineralisierung auf

fünf Abschnitten entlang einer Streichlänge von 800 Metern. Die Tiefe der Mineralisierungen beträgt 110 Meter, aber die Vererzung ist bei allen Löchern nach unten offen. Anhand dieser Ergebnisse stellte Tasman Metals Ende 2010 eine N1-43-101-Ressourcenschätzung vor. Danach umfasst die Ressource Norra Karr 60,5 Millionen Tonnen mit einem durchschnittlichen SEO-Gehalt von 0,53 Prozent. Der Anteil der wertvollen schweren Seltenen Erden liegt bei 53 Prozent und der Cut-Off-Grade bei 0,4 Prozent, also werden Mineralisierungen unter 0,4 Prozent nicht zur Ressource gerechnet. Somit ergeben sich 326.700 Tonnen SEO.

Erstaunlich ist der schnelle zeitliche Ablauf bei Tasman Metals. Vom Bohren des ersten Lochs bis zur ersten Ressourcenschätzung vergingen weniger als zwölf Monate. Bei den metallurgischen Tests geht es hauptsächlich um die Aufbereitung eines mineralischen SEO-Konzentrats. Durch die Tests soll die effizienteste und wirksamste Methode für die künftige Verarbeitung gefunden werden.

Schon jetzt weist vieles darauf hin, dass eine kurzfristige Erschließung dieser europäischen Lagerstätte möglich ist. Zunächst einmal gibt es vor Ort eine sehr gute Infrastruktur mit Straßen, Strom und Wasser sowie aktiven Bahn- und Hafenanlagen in unmittelbarer Nähe. Gleichzeitig ist Schweden ein sehr sicherer Standort mit einer bergbaufreundlichen Gesetzgebung. Da im Umkreis von 90 Kilometern vom Standort größere Minen in Betrieb sind, ist auch die Versorgung mit qualifizierten lokalen Arbeitskräften sowie Auftragnehmern für den Bergbaubereich gesichert.

Interessant wird das Projekt durch den ungewöhnlich hohen Anteil an hochwertigen schweren Seltenerdoxiden: Unter Anwendung eines Cut-Off-Gehalts von 0,4 Prozent bei den Daten aus Tasmans 26 Bohrlöchern beträgt der durchschnittliche Gewichtsanteil von schweren SEO an der Gesamtmenge der SEO über 50 Prozent.

Tasman Metals hat mit dem Norra-Karr-Projekt fraglos einen strategischen Vorteil. Laut den vorliegenden Daten ist dies das einzige Projekt auf dem europäischen Festland, das tatsächlich wirtschaftlich abbaubare SEO-Mineralisierungen aufweist. Zudem ist der hohe Anteil an schweren Seltenen Erden positiv zu bewerten.

UCORE RARE METALS
BEKANNTES VORKOMMEN IN ALASKA

WWW.UCORERAREMETALS.COM
WKN/ISIN: A0C06Z/CA90348V1031
UMLAUFENDE AKTIEN: 173,4 MILLIONEN

UCORE RARE METALS IN KANADISCHE DOLLAR

Den Schwerpunkt von Ucore Rare Metals bildet das Bokan-Projekt in Alaska auf dem Gelände einer ehemaligen Uranmine. Die dortige Uranressource beläuft sich auf elf Millionen Pfund. Neben Uran wurden dort auch signifikante Mengen an Seltenen Erden nachgewiesen. Laut einer historischen Schätzung, die nicht den Anforderungen des aktuellen Standards NI 43-101 entspricht, gibt es dort bis zu 170.000 Tonnen Seltene Erden und zusätzlich 96 Millionen Pfund Niob. Zudem fand man signifikante Mineralisierungen von Beryllium, Zirconium und Thorium. Wegen der Uranhistorie des Projekts firmierte der Explorer zunächst unter dem Namen

Ucore Uranium. Um die gestiegene Bedeutung der Seltenen Erden auch im Namen für die Investoren erkennbar zu machen, entschied sich das Management für einen Wechsel zu Ucore Rare Metals.

Laut den schon vorliegenden Daten könnte das Bokan-Projekt das Potenzial für eines der größten kombinierten Vorkommen von leichten und schweren Seltenen Erden in Nordamerika aufweisen. Spannend ist, dass es dort zwar historische Explorationsarbeiten gegeben hat, allerdings nicht in den vergangenen 35 Jahren. Damit ergeben sich enorme Möglichkeiten für moderne Explorationsmethoden auf dem Projektgelände im Südwesten Alaskas. Die Lage ist aber auch ein kleiner Nachteil für Ucore, denn wie so oft bei Projekten in Alaska, sind die Wege sehr weit.

Durch die historische Uranmine ist aber auf dem Bokan-Projektgelände schon ein Teil der benötigten Infrastruktur vorhanden. Im November 2010 hat der U.S. Geological Survey (USGS) eine neue Studie zum Potenzial der Vorkommen von Seltenen Erden in den Vereinigten Staaten veröffentlicht. Auf Basis der vorliegenden Daten sind die USGS-Experten zu dem Schluss gekommen, dass das Bokan-Projekt in Alaska das Potenzial für eine ökonomische Nutzung aufweist. Die zuletzt vorgelegten Ergebnisse von Ucore bezogen sich jedoch auf Dotson Trend. Die Länge der Mineralisierung wird mit 2.134 Metern angegeben. Die durchschnittliche Breite liegt bei 50 Metern und die bislang nachgewiesene Tiefe wird mit 762 Metern angegeben. Dazu ist aber anzumerken, dass die Mineralisierung nach unten offen ist und somit weiteres Potenzial aufweist.

Das Unternehmen betreibt allerdings noch weitere Projekte. Dazu zählt das Seltenerdprojekt Northcott in der kanadischen Provinz Neufundland. Um die dortige Exploration voranzutreiben, ist Ucore Rare Minerals ein Joint-Venture mit Rare Earth Minerals eingegangen. Die schon vorliegenden Oberflächenproben brachten gute Ergebnisse – vor allem für die begehrten schweren Seltenen Erden. Dabei gab es Ergebnisse von 0,83 bis 1,77 Prozent SEO. Der Durchschnitt der Proben lag bei 1,22 Prozent SEO. Die Anteile der schweren SEO lagen in einem Bereich zwischen 63 und 71 Prozent und erreichten damit einen sehr hohen Wert.

TABELLE 14:
NEUE PRODUZENTEN, ZEITPLAN UND SELTENE ERDEN-GEHALT

PROJEKT	Mount Weld	Mountain Pass	Nolans
UNTERNEHMEN	LYNAS	MOLYCORP	ARAFURA
TYP	Tagebau	Tagebau	Tagebau
PRODUKTIONSSTART	2011	2012	2012
GEPLANTE PRODUKTION	10.500 t	20.000 t	5.000 t
SEO GESAMT	11,70 %	7,00 %	1,00 %
LANTHAN	25,50 %	34,00 %	20,00 %
CER	46,74 %	50,00 %	48,20 %
PRASEODYM	5,32 %	4,00 %	5,90 %
NEODYM	18,50 %	11,00 %	21,50 %
SAMARIUM	2,27 %	0,50 %	2,40 %
EUROPIUM	0,44 %	0,10 %	0,41 %
TERBIUM	0,07 %	0,04 %	0,08 %
DYSPROSIUM	0,12 %	0,10 %	0,34 %

S E L T E N E
ERDEN

Steen-kampskraal	Necha-lacho	Deep Sands	Hoidas Lake	Kvanefjeld
GREAT WESTERN	**AVALON RARE**	**GREAT WESTERN**	**GREAT WESTERN**	**GREEN-LAND**
Mine	Mine	Tagebau	Tagebau	Tagebau
2012	2014	2014	2014	2015
5.000 t	5.000 t	5.000 t	5.000 t	10.000 t
16,70 %	1,90%	k.A.	2,30 %	1,00 %
21,67 %	15,22%	22,30%	20,44 %	27,50 %
46,67 %	34,20%	41,73%	46,62 %	42,00 %
5,00 %	4,32%	4,34%	5,97 %	4,20 %
16,67 %	17,07%	14,28%	20,57 %	12,90 %
2,50 %	3,82%	2,44%	2,71 %	1,60 %
0,08 %	0,50%	0,30%	0,54 %	0,10 %
0,08 %	0,60%	0,28%	0,11 %	0,20 %
0,67 %	3,19%	1,41%	0,35 %	1,10 %

QUELLE: BYRON CAPITAL

KAPITEL

15

DER BÖRSENGANG
VON MOLYCORP
IM SOMMER 2010

MOUNTAIN PASS :
MEHR ALS NUR EINE MINE

Die Wiedereröffnung der Mountain-Pass-Mine für Seltene Erden durch das US-Unternehmen Molycorp ist ein sehr bedeutender Schritt. Immerhin sorgte die kalifornische Mine zu ihren besten Zeiten und nahe der vollen Auslastung für 19.050 Tonnen Seltenerdoxide. Das entspricht in etwa 38 Prozent der Menge, die der Marktführer China im vergangenen Jahr für den Weltmarkt zur Verfügung gestellt hat.

Dennoch befindet sich Molycorp noch in unruhigen Gewässern. Im ersten Quartal 2010 ergab sich ein Verlust von 7,75 Millionen US-Dollar und damit eine Steigerung im Vergleich zum Vorjahr von 38 Prozent. Das lag auch daran, dass Molycorp Teile der vorhandenen Halde mit einem Verlust verkauft hatte. Der Gesamtverlust 2009 lag immerhin bei 28,6 Millionen US-Dollar.

Um die Bedeutung der Mountain-Pass-Mine richtig einordnen zu können, lohnt sich ein Blick in die Geschichte:

1949: Im April dieses Jahres wurde das Seltenerdvorkommen zwischen dem Clark Mountain im Nordosten des San Bernardino County in Kalifornien und dem Interstate Highway 15 entdeckt. Der USGS bestätigte das Bastnäsit-Vorkommen dann in einer öffentlichen Bekanntmachung im November.

1950: Das Unternehmen Molycorp zeigte Interesse an dem Projekt und kaufte die Landpakete im Februar. Gleichzeitig waren US-Geologen dabei, eine detaillierte Karte des gesamten Mountain-Pass-Areals zu erstellen. Während dieser Arbeiten wurde ein riesiges Seltenerdvorkommen entdeckt. Ein Großteil davon befand sich auf dem Sulphide-Queens-Areal, das dann von Molycorp erworben wurde.

1951: In diesem Jahr begann die Produktion von Seltenen Erden, bei der die alte Gold-Produktionsanlage benutzt wurde, ebenso wie die Flotation-Tanks des Urad-Projekts, einer ehemaligen Molybdän-

Produktion. Zu Beginn gelang auf diesem Areal eine Produktion mit einem Gehalt von 15 Prozent Seltenerdoxiden.

1954: Die Produktion lief nur schleppend an. Bis dahin waren rund 120 LKW-Ladungen mit jeweils 60 Tonnen Konzentrat zu den offiziellen Halden der Regierung geliefert worden, um bestehende Verträge zu erfüllen. Weitere Märkte für Seltene Erden gab es zu der Zeit nicht, sodass die Mine nur im Teilzeitbetrieb lief.

1965: Die Einführung des Farbfernsehens wirkte wie ein Katalysator für die Nachfrage bei Seltenen Erden. Von nun an wurden große Mengen Europium und Yttrium für die neuen Röhren benötigt. Glücklicherweise hatte genau zu der Zeit die Colorado School of Mines Research Foundation einen neuen Verarbeitungsablauf entwickelt, mit dessen Hilfe Europiumoxid mit einem Grad von 99,9 Prozent und Ceroxid mit einem Grad von 85 Prozent und 65 Prozent Lanthankonzentrat hergestellt werden konnten. Daraufhin baute Molycorp eine 1,2 Millionen Dollar teure Verarbeitungsanlage für Europiumoxid, sodass schon Ende 1965 die Produktion der Mountain-Pass-Mine in diesem Bereich um das Sechsfache gesteigert werden konnte. Im Vorjahr hatte die gesamte Produktion nur bei 6,1 Millionen Pfund Seltenerdoxiden gelegen.

1966: Eine neue Verdichtungsanlage mit einer Tageskapazität von 600 Tonnen wurde fertiggestellt. Doch schon da war klar, dass die neue Produktionsmenge wieder zu gering sein würde, um den enorm gestiegenen Bedarf zu decken. Schnell stieg danach die Tageskapazität der Verdichtungsanlage auf 1.000 Tonnen. Bis Ende 1965 hatte die Mountain-Pass-Mine die Produktion auf 24 Millionen Pfund mehr als vervierfacht.

1967: Nun folgte eine weitere Vergrößerung der Kapazitäten bei der Verdichtungsanlage auf dann 1.200 Tonnen am Tag. Die Produktion des Ceroxids wurde nun in einer neuen Produktionsanlage für 225 Millionen Dollar gestartet.

1977: Im August wurde Molycorp von der Union Oil Company of California (UNOCAL) übernommen.

1981: Aufgrund des weiterhin boomenden Marktes für Seltene Erden konnte eine neue Trennungsanlage mit einem Investitionsvolumen von 15 Millionen Dollar fertiggestellt werden. Dort wurden Samarium (Sm) und Gadolinium (Gd) mit einer Reinheit von 99,9 Prozent hergestellt. In sehr kurzer Zeit war der Weltmarkt für Samarium leergefegt, als klar wurde, dass Samarium in Verbindung mit Kobalt (Co) sehr starke Dauermagnete ergibt. Gadolinium wurde für den medizinischen Sektor produziert. Es wurde in Phosphorverbindungen eingesetzt, die Patienten besser gegen Röntgenstrahlen schützten. Im Laufe der Zeit gab es noch weitere Änderungen an der Fabrik, die zum Einsatz von hochreinem Terbiumoxid in Leuchtstoffröhren dienten.

1989: In dem Jahr begannen in der Mountain-Pass-Mine die Produktion von Dysprosiumoxid und der Ausbau der Neodymproduktion. Hier hatte es durch das rasante Wachstum bei Neodym-Eisen-Bor-Permanentmagneten einen Nachfrageschub gegeben.

1990: Die Erweiterung der Produktionskapazitäten der Mountain-Pass-Mine wurde vorangetrieben. Mittlerweile war die Mine für 40 Prozent des weltweiten Umsatzes mit Seltenerdprodukten verantwortlich.

2000: Aufgrund der stark gesunkenen Preise für Seltene Erden hat Molycorp teilweise die Minenaktivitäten eingestellt und darauf umgestellt, Haldenmaterial weiterzuverarbeiten. Der Preisverfall hatte sich durch den massiven Ausbau der chinesischen Produktion ergeben.

2005: UNOCAL wurde im August von ChevronTexaco übernommen.

2008: Rare Earth Acquisitions LLC hat die Mountain-Pass-Fabrik übernommen und danach Molycorp Minerals ins Leben gerufen.

DAS MOLYCORP-IPO 2010 UND
DIE FOLGEN FÜR DEN GESAMTMARKT

Börsengänge im Bereich der Seltenen Erden hat es in den beiden vergangenen Jahren einige gegeben. Aber keiner hat so viel Aufmerksamkeit auf sich gezogen wie der Molycorp-Börsengang im Jahr 2010.

Kein Wunder: Immerhin betreibt Molycorp mit der Mountain-Pass-Mine die in der Vergangenheit wichtigste nordamerikanische Produktionsstätte. Da waren die Erwartungen an den Börsengang natürlich groß. Auch Branchenexperten wie John Kaiser waren auf den Start von Molycorp an der Börse sehr gespannt.

Die Registrierung für den Börsengang erfolgte im April und das zuständige Konsortium wurde von den klangvollen Namen Morgan Stanley und JPMorgan geführt. Geplant war die Ausgabe von 28,15 Millionen Aktien zuzüglich einer Sonderzuteilung („Green Shoe") von 4.218.750 Aktien. Anfang Juli erfolgte die Bekanntgabe der Preisspanne, die mit 15 bis 17 US-Dollar festgelegt wurde. Erstaunlich: Zu diesem Zeitpunkt ließen sich die Aktien nur schwer am Markt platzieren und das Unternehmen war gezwungen, den Preis im Vorfeld des Börsengangs auf 14 US-Dollar zu senken. Zudem blieb der Green Shoe unangetastet.

Im Grunde stand der Börsengang auf Messers Schneide: Hätten die Insider des Unternehmens nicht 8,9 Prozent der Aktien abgenommen, so wäre dieser Börsengang wohl noch kurz vor dem Ziel gescheitert. Nach den Schwierigkeiten im Vorfeld bei der Platzierung der Aktien ist also der Börsengang von Molycorp schon als Erfolg zu betrachten. Das Umfeld an den Finanzmärkten war im Sommer 2010 sehr schwierig und einige Kandidaten mussten ihre Hoffnungen auf einen Börsengang begraben. Doch wie kaum anders zu erwarten, verlief der Start an der Börse dann sehr holprig: Allein am ersten Handelstag sackte die Aktie um zwölf Prozent ab und schloss bei 12,10 USD. Dieser Absturz reflektierte die einhellige Meinung an der Wall Street. Laut Robert Auer, Fondsmanager bei SBAuer Funds, war „die Aktie zum Börsengang zu teuer für die Ungewissheit."

Es gab beim Börsengang dann aber auch positive Aspekte. Immerhin nutzten ihn die Altaktionäre nicht als Chance, sich von den Papieren zu trennen. Grundsätzlich sorgte der Börsengang von Molycorp dafür, dass eine breitere Öffentlichkeit für das Thema Seltene Erden entstand. Auf einmal gerieten auch weitere Firmen aus dem Sektor in den Fokus. Grundsätzlich wäre dieser Börsengang aus der Sicht des Unternehmens zu einem finanziellen Reinfall geworden, wenn nicht unverhofft Hilfe von den Chinesen gekommen wäre.

MOLYCORP IN US-DOLLAR

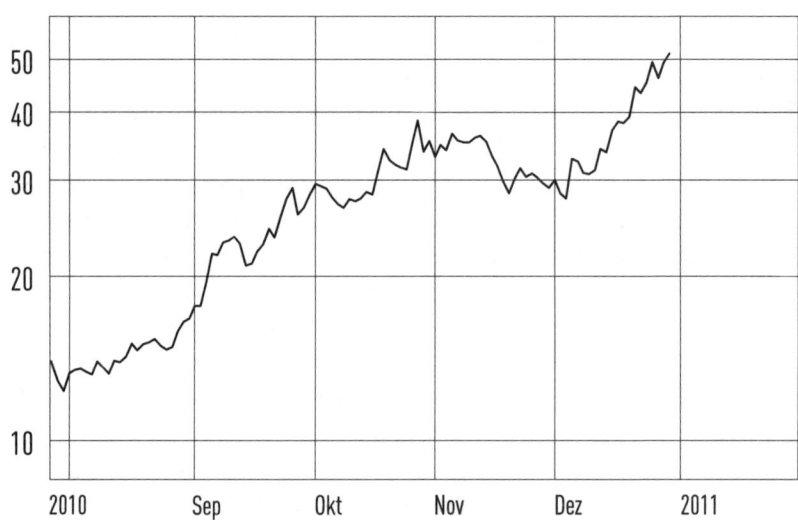

Anfang September meldete China eine Verringerung der Exportquoten für Seltene Erden. Auf einen Schlag erhielten mögliche Lieferanten außerhalb von China eine komplett neue Bedeutung. Zwar war dieses Argument auch schon vorher immer präsent. Doch

erst die erneute Ankündigung einer weiteren Reduzierung der Quoten wirkte hier wie ein Katalysator für die Aktienkurse – und zwar nicht nur bei Molycorp, sondern bei den meisten Aktien aus dem Segment der Seltenen Erden.

Im Oktober folgte dann eine weitere Ankündigung über eine Kürzung der Quoten. Und weiter ging es mit der Kursrallye von Molycorp. Zwar hatte das Thema Seltene Erden auch vorher schon eine politische Dimension gehabt, aber jetzt wurde es über Nacht aktuell. Auch deutsche Politiker warnten in den Medien vor den massiven Folgen für die deutsche Industrie.

Die logische Konsequenz: Seltene Erden werden nun nicht einfach als Rohstoffe angesehen. Vielmehr handelt es sich dabei um strategische Metalle, die schon heute für viele Nutzungen im zivilen, aber eben auch im militärischen Bereich unverzichtbar sind. Zudem sind viele Seltene Erden nur schwer zu substituieren. Würden also bestimmte Stoffe bei der Produktion von Windrädern oder Computerchips fehlen, so würde die Produktion stillstehen.

In einer solchen Lage ist es wenig beruhigend, auf jeden Fall auf Exporte aus dem kommunistisch regierten China angewiesen zu sein. Insofern griff die Nervosität der Politik sofort auf die Wirtschaft über. Mehr zur politischen Dimension des Themas finden Sie im Kapitel 11.

Und was passierte in diesem explosiven Umfeld mit der Molycorp-Aktie? Sie sprang in der Spitze auf über 40 Dollar. Doch war die Aktie einen solchen Sprung überhaupt wert? Das muss stark bezweifelt werden. Es ist wie so oft in einer Übertreibungsphase: Viele Investoren denken, dass sie einen Boom verpasst haben, und wollen sich nun unbedingt noch – egal zu welchem Preis – mit einer Trendaktie eindecken.

Dass es sich bei Molycorp um einen Hype handelte, verdeutlichen folgende Zahlen: Die Marktkapitalisierung sprang quasi über Nacht auf über drei Milliarden US-Dollar. Dabei hat das Unternehmen im Geschäftsjahr 2009 noch einen Verlust von 29 Millionen US-Dollar erzielt. Auch in den nächsten Jahren ist nicht mit Gewinnen zu rechnen, da die Produktion der Mountain-Pass-Mine frühestens

Ende 2012 wieder aufgenommen werden kann. Laut den internen Planungen werden aber zunächst von Molycorp selbst nur Umsätze im zweistelligen Millionenbereich erwartet. Das geht aus dem Emissionsprospekt des Unternehmens hervor.

Auf dieser wackeligen Basis erinnert der rasante Aufstieg von Molycorp doch stark an die Übertreibungen während der heißen Phase des Neuen Marktes. Auch damals wurden Unternehmen mit niedrigen Millionenumsätzen in der Spitze mit mehr als einer Milliarde Euro bewertet. Ein Beispiel dafür ist Aixtron. Bei einem Umsatz von knapp 125 Millionen Euro im Jahr 2000 brachte es das Aachener Unternehmen in der Spitze auf eine Bewertung von 5,5 Milliarden Euro. Heute ist Aixtron nach einigen sehr schwierigen Jahren immer noch an der Börse notiert und hat sich über die Jahre mit der LED-Technologie etabliert. Auch die Bewertung hat sich mittlerweile angepasst. Einem Umsatz von rund 300 Millionen Euro im Jahr 2009 mit einem ordentlichen Jahresüberschuss von 44,7 Millionen Euro steht eine Marktkapitalisierung von 2,4 Milliarden Euro gegenüber. Auch das ist nicht preiswert, aber immerhin steht das Unternehmen jetzt auf einer soliden Basis.

Bei Molycorp ergeben sich derzeit einige Ungereimtheiten. So sieht es laut unserer Recherche so aus, als ob Molycorp überhaupt noch keine offizielle Abbaulizenz des Staates Kalifornien besitzt. Zudem konnte man verschiedenen Presseberichten (unter anderem bei Bloomberg) entnehmen, dass bei einer Umfrage unter aktuellen Aktionären von Molycorp vielen überhaupt nicht klar war, um welche Art von Unternehmen es sich dabei handelt. Ein Aktionär dachte, dass es sich bei Molycorp um ein Molybdän-Unternehmen handeln würde.

Daraus wird ersichtlich, dass die Investmentbanken bei der Werbung für diesen Börsengang ganze Arbeit geleistet haben. Fakt ist: Mit der bestehenden Weiterverarbeitungsanlage auf dem Gebiet der Mountain-Pass-Mine wird derzeit Material von der örtlichen Halde und zusätzlich noch aus Brasilien verarbeitet.

Durch den Börsengang sind Molycorp 400 Millionen US-Dollar zugeflossen, die vornehmlich in Aufbau und Ausbau der Mountain-

Pass-Mine gesteckt werden sollen. Wir werden sehen, wie weit dieses Geld das Unternehmen bringt. Abschließend stellt sich die Frage: Wie wird das ausgehen?

Unserer Einschätzung nach kann die Geschichte um Molycorp nur dann ein gutes Ende nehmen, wenn der geplante Cer-Wasserfilter XSORBX erfolgreich am Markt platziert werden kann. Hier könnte sich Molycorp in einem extrem wichtigen Sektor positiv positionieren und eine umfassende und dazu auch noch kostengünstige Filtermethode anbieten. Laut den Angaben des Unternehmens kann der XSORBX-Filter verschiedene Bakterien und Viren, aber auch Pestizidrückstände aus verschmutztem Wasser filtern.

Dabei handelt es sich um eine Zukunftshoffnung. Sehr viel konkreter war da schon die Anfang 2011 gemeldete Kooperationsvereinbarung mit Toshiba, die zu einem weiteren Kursprung führte. Ein Teil des Kurssprungs ist sicherlich gerechtfertigt, denn Molycorp sichert sich mit dieser Vereinbarung notwendiges Know-how für die Magnetproduktion. Da dieser Deal vom Markt insgesamt sehr gut aufgenommen wurde, sollte die weitere Umsetzung genau beobachtet werden.

So weist das Mountain-Pass-Vorkommen nur einen kleinen Anteil der gefragten und daher auch teureren schweren Seltenen Erden auf. Zudem dürfte das massive Marketing der begleitenden Banken JPMorgan und Morgan Stanley bald auslaufen. Enden dann auch noch bestehende Haltefristen von Altaktionären, rechnen wir bei Molycorp mit einem massiven Ausverkauf.

Laut unseren Informationen gab es bei Molycorp auch massive Aktivitäten von chinesischer Seite. Dies wird sich in den nächsten Monaten deutlich reduzieren. Da es mit dem Produktionsbeginn der Mountain-Pass-Mine selbst im optimalen Fall noch bis Ende 2012 dauert, ist nach dem Hype vom Herbst 2010 bis dahin eine eher unterdurchschnittliche Kursentwicklung zu erwarten.

Abschließend bleibt festzuhalten, dass der Börsengang von Molycorp für die gesamte Branche sehr positiv war. Dadurch hat es sehr viel Medienaufmerksamkeit für diesen kleinen Sektor gegeben. Auf einem Niveau jenseits von 45 US-Dollar ist die Molycorp-Aktie aber

kein günstiges Investment. Und daraus ergibt sich leider ein Problem für viele Privatinvestoren: Durch die Bedeutung der Aktie für den Sektor ist die Gewichtung in den am Markt befindlichen Zertifikaten sehr groß. Beim UBS-Zertifikat (siehe Seite 174) beträgt sie laut aktuellen Daten 25 Prozent, beim RBS-Zertifikat (siehe Seite 173) sind es 15 Prozent. Insofern sind Investoren, die breit gestreut auf den Sektor setzen wollen, immer auch bei Molycorp mit dabei. Das ist ein klarer Nachteil, der sich aber leider nur durch die Investition in Einzelaktien ausschließen lässt.

KAPITEL

16

FAZIT: SELTENE-ERDEN-AKTIEN – VIELLEICHT DOCH NUR EIN HYPE?

Bei Kurssprüngen von mehr als 1.000 Prozent in nur 12 Monaten bei einigen aussichtsreichen Aktien im Bereich Seltene Erden wie Avalon Rare Metals oder Rare Element Resources stellt sich eine ganz entscheidende Frage: Ist der aktuelle Aufschwung der Seltenerdaktien vielleicht nur ein Hype?

Schaut man auf die Entwicklung von Rohstoffaktien in den vergangenen Jahren, so hat es vor allem im Segment der kleineren Werte, also der Explorer, immer wieder Übertreibungsphasen am Markt gegeben. Ein gutes Beispiel dafür waren die rasante Entwicklung beim Uran und die enormen Kurszuwächse von Uran-Explorern. So kletterte die Aktie des Uran-Explorers Xemplar Energy auf über acht Kanadische Dollar, ohne dass auf dem Warmbad-Projekt im Süden Namibias auch nur ein Loch gebohrt worden war.

Neben der Übertreibung bei Einzelwerten gab es dann auf einmal auch eine sehr große Zahl an neuen Uranunternehmen an den Börsen. Von vielleicht 20 Firmen im Jahr 2006 kletterte der Wert auf weit über 150 börsennotierte Firmen im folgenden Jahr. Dann kam es, wie es kommen musste: Der Uranpreis kollabierte, und damit auch ein Großteil der Uran-Explorer. Heute sind nur noch wenige dieser kleinen Uran-Explorer auch wirklich erfolgreich am Markt. Viele sind durch die heftigen Auswirkungen der Finanzkrise sogar komplett von den Kurszetteln verschwunden – sie haben diese schwierige Phase nicht überstanden. Ihnen ist schlicht und einfach das Geld ausgegangen.

Daran sehen Sie: Es hat in der Vergangenheit Übertreibungen gegeben und sehr viele Trittbrettfahrer sind im wahrsten Sinne des Wortes unter die Räder gekommen.

Wie sieht es nun bei den Seltenen Erden aus? Da gibt es sicherlich zahlreiche Argumente für und gegen einen Hype. Zunächst stellen wir Ihnen die Argumente vor, die für einen Hype sprechen:

So sind die Seltenen Erden, anders als der Name nahelegt, gar nicht selten. Es gibt zahlreiche Vorkommen auf der Welt und selbst bei einer steigenden Nachfrage ist es nur eine Frage der Zeit, ob diese auch befriedigt werden kann. Es werden nicht einmal alle neuen Projekte benötigt, die derzeit in der Entwicklung sind.

Ein weiteres Indiz für einen Hype ist die stark gestiegene Zahl der Unternehmen, die sich nun um Seltenerdprojekte kümmern. Das zeigen auch zahlreiche Umbenennungen. So startete Quest Rare Metals als Quest Uranium. Aus Avalon Ventures wurde Avalon Rare Metals. Bei diesen beiden Firmen handelt es sich ausdrücklich um aussichtsreiche Titel mit nachgewiesenen Ressourcen.

Aber viele andere Firmen kommen sehr spät zur Party, sie haben sich vielleicht erst im Jahresverlauf 2010 die Minenrechte gesichert und fangen nun langsam mit der Exploration an. Bedenken Sie: Mittlerweile gibt es mehr als 130 börsennotierte Gesellschaften, die Seltenerdprojekte im Portfolio haben. Darüber hinaus gibt es noch viele Vorkommen, die nicht in börsennotierte Gesellschaften eingebracht wurden. Dazu gehören auch Staatsbetriebe, zum Beispiel in China und in den Staaten der ehemaligen Sowjetunion.

Bei vielen Firmen ist Vorsicht oberstes Gebot: Es haben sich mittlerweile schon Trittbrettfahrer am Markt eingefunden, die versuchen, aus der erhöhten Aufmerksamkeit für den Sektor der Seltenen Erden Nutzen zu ziehen. Aber wie gesagt: Hier gilt es, vorsichtig zu sein: Oft steht gar kein wirklich werthaltiges Projekt dahinter.

Dabei beuten viele Firmen auch die Unwissenheit von Investoren aus. Die Analyse eines Seltenerdprojekts ist um einiges komplizierter als bei Goldvorkommen. Nur der Stempel „Seltene Erden" berechtigt noch nicht zu einer euphorischen Einschätzung. Ähnlich lief es beim Uranboom ab. Auch hier ist die Analyse schwierig. Sehr oft stehen nicht zu geringe Uranmengen einer Produktion im Weg, sondern staatliche Auflagen im Umweltbereich.

Durch die Vielzahl der neuen Projekte ist klar, dass es die meisten Projekte nie bis zur Produktion bringen werden. Eine nachgewiesene Ressource mit einem hohen Anteil an Seltenen Erden ist zwar überhaupt erst die Voraussetzung für eine Produktion, aber noch lange nicht der einzige Erfolgsfaktor. Da stellt sich die Lage bei Goldprojekten ganz anders dar: Einer Unze Gold im Boden kann ein bestimmter Wert zugeordnet werden. Bei vielen Projekten liegt dieser Wert bei 50 bis 80 US-Dollar. Im Vergleich zum Marktpreis von mehr als 1.300 US-Dollar ist das schon ein enormer Abschlag. Aber so erhalten potenzielle Investoren immerhin die Möglichkeit, für eine Ressource von einer Million Unzen einen fairen Marktwert für das Unternehmen zu schätzen. In diesem Beispiel wäre das ein Unternehmenswert von bis zu 80 Millionen US-Dollar.

Weist ein solches Goldunternehmen an der Börse aber schon jetzt eine Bewertung von 500 Millionen oder sogar einer Milliarde US-Dollar auf, dann sieht man sehr schnell, dass die Aktie viel zu teuer ist. Liegt der Marktwert hingegen nur bei 40 Millionen US-Dollar, ergibt sich hier noch weiteres Potenzial. Aber auch das ist noch kein Freifahrschein für den risikofreien Einstieg bei einem solchen Unternehmen. So können auch Schwierigkeiten beim Genehmigungsverfahren den Aktienkurs berechtigterweise nach unten drücken. Immerhin ergibt sich aber eine grobe Einschätzung für die Bewertung von Vorkommen.

Ganz anders ist es bei Seltenerdprojekten. Hier ist der Prozess der Trennung, im Fachjargon auch Separation genannt, der entscheidende Erfolgsfaktor für ein Projekt. Die Firmen müssen schlicht und einfach die Frage beantworten: Können aus den Seltenerdressourcen die einzelnen Metalle auch tatsächlich in ausreichender Menge und zu marktfähigen Preisen hergestellt werden?

Daher kommt auch den metallurgischen Untersuchungen in diesem Sektor eine so große Bedeutung zu. Im nächsten Schritt steht dann sehr oft der Aufbau einer Pilotanlage auf dem Projektgelände auf dem Programm. Dabei geht es darum, möglichen Kunden zu zeigen, dass dieses Vorkommen tatsächlich marktfähige Produkte liefern kann.

Bis jetzt sprechen viele Argumente dafür, dass es sich um einen Hype handelt. Aber wie nicht anders zu erwarten, gibt es auch eine Reihe Gegenargumente:

So steht es außer Frage, dass ein echter Markt für Seltene Erden entstanden ist. Ein hervorstechendes Beispiel sind die Hybridfahrzeuge. In jedem Fahrzeug werden zwischen 25 und 30 Kilogramm der verschiedenen Seltenen Erden benötigt. Aus dem gesamten Bereich der Dauermagnete sind Seltene Erden heute nicht mehr wegzudenken, ob nun bei Windrädern oder bei Solaranlagen. Dazu

kommen die vielseitigen Einsatzgebiete in der Rüstungsindustrie, die diesen Sektor auch für die Regierungen vieler Staaten so interessant macht.

Fiele die Versorgung mit auch nur einem wichtigen Stoff wie Neodym oder Europium aus, würde die Produktion in vielen Industriezweigen komplett zusammenbrechen. Noch gibt es Lagerbestände, aber klar ist auch, dass die Nachfrage in den nächsten Jahren deutlich steigen wird. Von derzeit 125.000 Tonnen wird der Markt laut verschiedenen Prognosen von Experten bis zum Jahr 2015 auf 200.000 Tonnen wachsen. Dieses Angebot ist von China gar nicht zu bekommen, selbst wenn die Exportquoten ab jetzt unangetastet bleiben sollten.

An dieser Stelle sei eine aktuelle Anekdote erwähnt: Laut Aussagen von Marktinsidern werden derzeit chinesischen Metallspielzeugen Seltenerdoxide beigemischt. Diese Spielsachen werden dann nach Japan exportiert und dort werden daraus Seltene Erden gewonnen. So umgehen kleinere chinesische Produzenten auf ganz elegante Weise die Exportbeschränkungen, die vor allem auch in Richtung Japan bestehen.

Die Rolle Chinas als unsicherer Lieferant für den Weltmarkt ist der wichtigste Katalysator für den Markt der Seltenen Erden. In der Geschichte dieses Sektors gab es mehrere verschiedene Epochen. Ab den späten 1950er-Jahren bis etwa 1980 erlebten wir die Mountain-Pass-Ära. In dieser Zeit sorgte die kalifornische Mine zeitweilig für mehr als 60 Prozent der weltweiten Produktionsmenge. Seit nunmehr rund 30 Jahren erleben wir das chinesische Zeitalter. Wie wir nun sehen, wird auch diese Epoche zu Ende gehen. Viele Firmen, die außerhalb des asiatischen Boomlandes aktiv sind, treiben derzeit Projekte voran, die in den nächsten zwei bis drei Jahren signifikante Mengen liefern können. So plant Molycorp schon zum Start der Produktion, die Ende 2012 beginnen soll, eine jährliche Produktionsmenge von rund 19.000 Tonnen.

Insofern wird der chinesische Stern am Markt der Seltenen Erden in Bezug auf die Bedeutung für den Weltmarkt sinken. Für den Heimatmarkt wird es noch auf Jahre hinaus sehr vorteilhaft sein, selbst auf so große Vorkommen zugreifen zu können. So können sich einige staatliche kontrollierte Firmen gegenseitig helfen: Auf Druck von oben werden dann große Elektronikfirmen weiterhin mit günstigen Seltenen Erden versorgt und bleiben so mit ihren fertigen Produkten konkurrenzfähig. Schon jetzt gibt es in diesem Zusammenhang einige Auswüchse: Less Common Metals, eine Verarbeitungsfirma aus Großbritannien, die zu Great Western Minerals gehört, muss für Samariumoxid aus China rund 33 US-Dollar pro Kilogramm bezahlen. Im Gegensatz dazu ist der innerchinesische Preis auf 2,68 US-Dollar pro Kilogramm festgelegt. An diesem Beispiel erkennt man die enormen Wettbewerbsvorteile der chinesischen Firmen.

Die Nachfrage nach Seltenen Erden ist in den letzten Jahren wieder gestiegen. Dieses Wachstum ist fundamental nachhaltig und durch viele neue Anwendungen auf der einen Seite sowie durch viele neue Projekte, die in Produktion gehen, auf der anderen Seite auch in den nächsten Jahren gesichert.

Auch wenn die Seltenen Erden jetzt mehr im Rampenlicht stehen als früher, handelt es sich nicht um einen Hype, der schnell vergehen wird. Allerdings muss man speziell in einem solchen Sektor einige Ratschläge beachten:

Ein wichtiges Erfolgsrezept ist es, auf die führenden Unternehmen der Branche zu setzen. Dabei geht es auch darum, die vielen Trittbrettfahrer auszusortieren. Denn bei diesen Nachzüglern kann man fast sicher sein, dass die meisten irgendwann unter die Räder kommen.

Nun soll das nicht heißen, dass es keine aussichtsreichen neuen Projekte mehr gibt. Aber dabei müssen Investoren zwei Dinge beachten: Erstens kann es acht bis zehn Jahre dauern, bis ein neues Projekt auch tatsächlich in Produktion geht. Zweitens ist bei Explorern in der frühen Phase das Risiko sehr groß. Hier kann es sich durchaus auszahlen, erst auf Unternehmen zu schauen, die schon in einer fortgeschrittenen Phase der Exploration angekommen sind.

Wie in allen anderen Rohstoffbereichen ist auch im Segment der Seltenen Erden die exakte Analyse der Projekte ein ganz wichtiger

Erfolgsfaktor. Hierzu haben wir Ihnen in diesem Buch hoffentlich das notwendige Know-how an die Hand gegeben.

Grundsätzlich lässt sich festhalten, dass sich der Markt für Seltene Erden erst am Ende des ersten Drittels eines langjährigen Makrozyklus befindet, der möglicherweise noch weitere zehn Jahre anhält. Dabei wird auch der geopolitische Aspekt des Themas weiterhin eine sehr wichtige Rolle spielen. Noch sehr viel extremer als bei anderen Rohstoffen steht uns hier ein Kampf der Systeme bevor: Hier die westliche Welt, die große Mengen Seltene Erden braucht. Dort das aufstrebende China, das nicht nur große Mengen Seltene Erden besitzt, sondern dank der zahlreichen Produktionsstätten von Hightech-Gütern auch die eigene Produktion fast komplett im Inland verbrauchen könnte.

Wie schnell sich die weltweite Versorgungssicherheit ändern kann, zeigte sich bei den verschiedenen chinesischen Exportkürzungen für bestimmte Produkte. China setzt Rohstoffe als politische Waffe ein. Das erinnert stark an den Nahen Osten, der es seit Jahrzehnten versteht, seine Ölreserven geschickt einzusetzen.

Damit zeigt sich heute, dass Deng Xiaoping mit seinem Ausspruch aus den 1990er-Jahren recht behalten hat. Damals sagte der chinesische Premierminister: „Der Nahe Osten hat das Öl, China hat die Seltenen Erden." Ob es China in Zukunft weiterhin gelingen wird, die Seltenerdmetalle als Druckmittel einzusetzen, bleibt abzuwarten. Durch das Aufkommen von neuen Produktionen außerhalb des Riesenreiches deutet sich für die nächsten Jahre auf jeden Fall eine Entspannung an. Aufgrund der schon vorliegenden Prognosen sind mehrere Produktionen auch konkurrenzfähig – das gilt vor allem für die begehrten schweren Seltenerdmetalle. Und in diesem Segment hat China mit einem raschen Abbau der bestehenden Reserven zu kämpfen. Dennoch gilt für die Zukunft: Das wahre Potenzial des Marktes wird sich erst dann zeigen, wenn die Versorgung mit den verschiedenen Seltenen Erden gesichert ist.

Zum Schluss noch ein kurzer Blick auf unsere favorisierten Titel:

AVALON RARE METALS

Für diesen kanadischen Explorer spricht der hohe Anteil schwerer Seltener Erden. Zudem kennt das Unternehmen seine Metallurgie. Da bei Avalon die Produktion schon ab 2014 starten kann, gehört die Aktie außerdem zu den ersten Unternehmen, die eine neue Produktion aufnehmen.

RARE ELEMENT RESOURCES

Auch dieses Unternehmen hat gute Chancen, ein nordamerikanischer Produzent zu werden. Allerdings liegt hier der Anteil der leichten Seltenen Erden sehr hoch. Diese Aktie gehörte auch schon im März 2009 zu den Favoriten und hat seitdem eine rasante Kursentwicklung gezeigt. Als zusätzlichen Hebel gibt es bei Rare Element Resources noch ein Goldprojekt mit dazu.

TASMAN METALS

Das Unternehmen hat einen klaren strategischen Vorteil, denn die Vorkommen liegen in Europa, genauer gesagt in Schweden. Sollten also europäische Industriekonzerne Ausschau nach einer sicheren Versorgung mit Seltenen Erden halten, stünde dieses Vorkommen ganz oben auf der Liste. Zusätzlich spricht auch das Tempo für Tasman Metals: Vom Bohren des ersten Lochs bis zur Ressourcenschätzung vergingen weniger als zwölf Monate.

NEO MATERIAL TECHNOLOGIES

Dieses Unternehmen hat schon jetzt das Geschäftsmodell zu bieten, das die Chinesen bevorzugen: Ausländisches Unternehmen fertigt Seltenerdprodukte direkt in China und verkauft die höherwertigen Waren. Das Unternehmen ist zudem schon ein Produzent von Seltenerdprodukten. Bei speziellen Magnetpulvern liegt der Marktanteil bei annähernd 80 Prozent. Da es sich um ein kanadisches Unternehmen handelt, bietet Neo Material Technologies auch eine hohe Transparenz bezüglich der Geschäftsentwicklung.

LYNAS

Mit dem Produktionsstart noch in diesem Jahr ist Lynas das erste Unternehmen außerhalb Chinas, das die Produktion aufnehmen wird. Mit einer Produktionsmenge von 10.500 Tonnen pro Jahr gehört die Mount-Weld-Mine im Westen Australiens zu den größeren Standorten.

ANHANG

Interview mit Jack Lifton, Experte für Technologiemetalle und Seltene Erden: *„Im Moment haben wir eine sehr angespannte Situation, aber eine Eskalation ist nicht zu erwarten."*

Jack Lifton ist ein unabhängiger Berater und Autor, der sich speziell mit der fundamentalen Marktentwicklung von Rohstoffen und den Trends bei zukünftigen Anwendungen beschäftigt. Jack Lifton arbeitet schon seit mehr als 45 Jahren als Berater für verschiedene Industriezweige, zum Beispiel für die Automobilbranche.

Das folgende Interview führte Christoph Brüning in zwei Teilen am 1. Oktober 2010 in Newport Beach und am 25. November 2010 in San Francisco.

Was hatte zum Rückzug der USA aus dem Sektor der Seltenen Erden geführt?

Jack Lifton: Die Produktionskosten in den USA für Seltene Erden waren nicht mehr konkurrenzfähig. Die Chinesen produzierten viel günstiger und die Amerikaner agierten mit „Mondpreisen". Diese Entwicklung begann in den 1980er-Jahren und fand ihren Abschluss mit dem Produktionsstopp von Mountain Pass in Kalifornien im Jahre 2002.

Wie werden Seltene Erden produziert?

Lifton: Hier bestehen die größten Missverständnisse. Das geförderte Erz ist erst mal nur Dreck, „It's Dirt", dieser muss mechanisch zu einem Erzkonzentrat verarbeitet werden, dann muss die Reinheit erhöht werden und eine Trennung der Seltenen Erden durchgeführt werden. Im nächsten Schritt muss wieder hochkonzentriert werden, dann werden die Metalle oxidiert und dann nochmals die Reinheit erhöht, um dann aus den Oxiden die Metalle zu produzieren. Alles ein sehr kostenintensiver Prozess.

Was meinen Sie mit kostenintensiv?

Lifton: Die Baukosten einer Anlage zur Produktion von Seltenen Erden belaufen sich auf rund eine Milliarde, und deshalb werden nur ganz wenige Firmen in die Produktion gehen. Die meisten Projekte werden

scheitern. *Das erinnert alles an den „Uranrausch" vor ein paar Jahren, und das Resultat wird hier das Gleiche sein [nach dem Uranrausch sind nur wenige Unternehmen übrig geblieben, Anmerkung der Autoren].*

Woran scheitern die Unternehmen?

Lifton: Die Kapazitäten in China sind riesig, die Produktionskosten niedrig. Chinas Kunden sind Japan und Korea, und das wird auch bis auf Weiteres so bleiben. Unternehmen wie Lynas und Molycorp werden für eine Überproduktion im Bereich der leichten Seltenen Erden sorgen, und leichte Seltene Erden gibt es sowieso genügend.

Können Sie uns ein Beispiel nennen?

Lifton: Ja, Cer ist eigentlich eine eher uninteressante Seltene Erde, denn es wird fast ausnahmslos in der Glasindustrie zum Polieren eingesetzt. China produziert derzeit bei einer Kapazität von 50 Prozent und versorgt den Weltmarkt. Die Reserven sind riesig, es gibt einen Berg von Cer, der wörtlich auch so heißt, „Mount Cer". Da wird Molycorp auf Dauer nicht konkurrenzfähig sein.

Also besser auf die schweren Seltenen Erden setzen?

Lifton: Bei schweren Seltenen Erden sind die Vorräte sehr knapp, ein Grund für die Ausfuhrbeschränkungen der Chinesen. Denn hinsichtlich der schweren Seltenen Erden sind auch die bekannten Vorkommen in China nicht ergiebig, und das ist die Chance für Unternehmen außerhalb der Volksrepublik.

Welches ist eigentlich das wertvollste Element?

Lifton: Neodym, denn die Legierungen werden vor allem bei Magneten eingesetzt und in sehr vielen Industriezweigen benötigt.

Welche Rolle spielt das Thema Recycling in der Industrie der Seltenen Erden?

Lifton: Noch spielt Recycling keine große Rolle im Bereich der Seltenen Erden, da die meisten Bauteile, beispielsweise Magnete, extrem klein sind und der Aufwand in keinem Verhältnis zum Ergebnis steht.

Welche Explorationsunternehmen halten Sie für aussichtsreich?

Lifton: Zunächst einmal Avalon Rare Metals; es hat eines der größten Vorkommen an Seltenen Erden, mit einem extrem hohen Anteil an schweren Seltenen Erden von 25-33 Prozent; die Produktion soll 2014 beginnen. Damit ist Avalon in einer einzigartigen Position. Great Western Minerals mit einem Erzvorkommen von 50 Millionen Tonnen mit hohen Anteilen von Terbium und Dysprosium. Dann Rare Element Resources, das einen fünffach höheren Anteil an Europium im Erz besitzt; und Ucore Rare Earths hat eine gute Chance, sobald es ermittelt hat, wie groß das Vorkommen ist. Einen Blick sollte man auch auf das IPO von Frontier Rare Earths in Südafrika werfen.

Sie haben von vertikaler Integration gesprochen, können Sie das etwas genauer erläutern?

Lifton: Gerne, große Konzerne wie Toyota und Sumitomo haben bereits begonnen, Projekte in Vietnam, Kasachstan und Indien zu betreiben. Das ist ganz klar ein logischer Schritt, die Versorgung an Seltenen Erden zu sichern. Viele neue Technologien bleiben in der Schublade, weil kein Manager es wagen wird, eine Produktion ohne gesicherte Quelle für Seltene Erden anzufahren. Die deutsche Siemens wäre ein perfekter Partner für eines der aussichtsreichen Projekte.

Wie beurteilen Sie die aktuelle politische Entwicklung für die Industrie der Seltenen Erden?

Lifton: Die Japaner, die Koreaner und die US-Amerikaner wollen schon seit einiger Zeit Vorräte aufbauen, was aber nicht gelungen ist. Jetzt wird das Thema von den Chinesen angeheizt, und überall spricht man jetzt von strategischen Metallen. Im Moment ist die Situation sehr angespannt, aber eine Eskalation ist nicht zu erwarten. All das wird die Exploration und Entwicklung von aussichtsreichen Vorkommen noch schneller vorantreiben und zu einem nachhaltig verlässlichen Markt führen.

Herr Lifton, ich bedanke mich für das Gespräch.

TABELLE 15:
PROGNOSE PREISENTWICKLUNG 2010 BIS 2030 (US-DOLLAR PRO KILOGRAMM)

SELTENE ERDEN PRODUKT	2010	2014	2020	2030
Lanthanoxid	6,0	6,0	7,0	10,0
Ceroxid	4,0	2,5	2,5	3,0
Praseodymoxid	27,0	35,0	45,0	65,0
Neodymoxid	30,0	40,0	50,0	70,0
Samariumoxid	4,5	4,5	5,0	8,0
Europiumoxid	500,0	600,0	700,0	900,0
Gadoliniumoxid	7,0	8,0	10,0	12,0
Terbiumoxid	500,0	650,0	850,0	1.200,0
Dysprosiumoxid	160,0	240,0	350,0	500,0
Yttriumoxid	10,0	15,0	20,0	30,0

IN DIE BERECHNUNG IST WEDER DIE INFLATIONSENTWICKLUNG MIT EINGEFLOSSEN NOCH MÖGLICHE CHINESISCHE EXPORTBEGRENZUNGEN. EBENFALLS SIND NEUE ANWENDUNGEN NICHT MIT BERÜCKSICHTIGT, DIE BEI EINZELNEN ELEMENTEN ZU EINER DEUTLICHEN NACHFRAGESTEIGERUNG FÜHREN KÖNNEN.

QUELLE: IMCOA

TABELLE 16:
SEO-PREISE OKTOBER 2010

METALLOXIDE	HAUPTSÄCHLICHE VERWENDUNG FÜR	PREIS USD/KG
leichte SE		
Lanthanoxid 99% min	aufladbare Batterien	39,0 – 42,0
Ceroxid 99% min	Katalysatoren, Glas und Politur	36,0 – 38,0
Praseodymoxid 99% min	Magnete, Glasfärbung	70,0 – 72,0
Neodymoxid 99% min	Magnete, Laser, Glas	74,0 – 77,0
Samariumoxid 99% min	Magnete, Beleuchtung, Laser	34,0 – 35,0
schwere SE		
Europiumoxid 99 % min	TV-Farbe: Rot	620,0 – 640,0
Terbiumoxid 99 % min	Leuchtstoff: Grün, Magnete	595,0 – 615,0
Dysprosiumoxid 99 % min	Magnete, Laser	285,0 – 305,0
Gadoliniumoxid 99 % min	Magnete, Supraleiter	40,0 – 42,0
Yttriumoxid 99,999% min	Leuchtstoff, Keramik, Laser	38,00 – 41,00

QUELLE: METAL-PAGES.COM: 19.10.2010

GLOSSAR

ABRAUM:

Der Teil des geschürften Materials, der nach der Gewinnung der wertvollen Materialien übrig bleibt.

AUSBEUTE:

Der Prozentsatz an Metall, der im Laufe der Verarbeitung aus dem Erz gewonnen wird.

BANKFÄHIG:

Für Geldgeber als Basis für die Finanzierung eines Projekts akzeptabel; am häufigsten zur Beschreibung bestimmter Durchführungsstudien verwendet.

BAUXIT:

Ein Mineral aus wasserhaltigen Aluminiumoxiden; das häufigste Aluminiumerz.

BESTÄTIGTE RESERVEN:

In Aufschlüssen, Grabungen, Schächten und Bohrlöchern gefundene Reserven, deren Menge nach Messungen berechnet wurde. Der Gehalt und/oder die Qualität werden aus den Ergebnissen detaillierter Proben errechnet. Die Bereiche, die untersucht werden sollen, denen Proben entnommen werden sollen und auf denen Messungen stattfinden, liegen so nahe beieinander und der geologische Charakter der Bereiche ist so gut bestimmt worden, dass Größe, Form, Tiefe und Mineraliengehalt der Ressource gut ermittelt werden können.

CUT-OFF-GRADE:

Der Mindestgehalt eines mineralisierten Materials – etwa eines Erzes –, ab dem es, abbauwürdig ist. Das ist der Grad, über dem Mineralien unter Berücksichtigung der folgenden Parameter als wirtschaftlich abbauwürdig gelten: veranschlagte relevante Zeit der Minenkosten, Erzaufbereitungskosten, allgemeine und Verwaltungskosten, Lizenzkosten, Kosten der Nebenprodukte, Lohnkosten und reine Ausbeute.

DECKGEBIRGE:
Im Tagebau handelt es sich dabei um die Schicht , die über einem Erzvorkommen liegt. Diese muss vor dem Abbau entfernt werden.

GRAD:
Der durchschnittliche Gehalt an Seltenen Erden.

HÜTTE:
Aufbereitungsanlage, die ein Konzentrat der wertvollen im Erz enthaltenen Mineralien produziert.

KONZENTRAT, ANGEREICHERTES PRODUKT:
Ein Produkt, das beim Verarbeitungsprozess von Mineralien nach dem Zerkleinern und Zermahlen von Erz entsteht. Hierbei findet die wichtige Trennung von Gangmineralien (Abfallprodukt), Metall und/oder metallischen Mineralien statt und man verwirft den Abfall und kleinere Mengen von Metall und/oder metallischen Mineralien. Das entstandene Konzentrat beinhaltet üblicherweise einen höheren Grad an Mineralien als das Ausgangsmaterial Erz.

MACHBARKEITSSTUDIE:
Eine wirtschaftliche Studie, die abschätzt, ob ein Mineralienvorkommen profitabel abgebaut werden kann. Dies geschieht durch Abwägen von Kapital- und Betriebskosten einer Mine und den potenziellen Einnahmen aus der Produktion.

MINERALISIERUNG:
Die Konzentration an Metallen und deren Verbindungen in Mineralien sowie die damit verbundenen Prozesse.

NEBENPRODUKT:
Ein zweites Metall oder mineralisches Produkt, das im Aufbereitungsprozess gewonnen wird.

PROBE:

Analyse des Gehalts eines Metalls im Erz oder die Prüfung von Erz oder anderen Mineralien auf Zusammensetzung, Reinheit, Gewicht oder andere Eigenschaften, die von kommerziellem Interesse sein könnten.

RESERVEN:

Der Teil eines Mineralienvorkommens, der zum Zeitpunkt der Ressourcenschätzung wirtschaftlich gewonnen oder produziert werden kann.

RESSOURCE:

Die errechnete Menge an Material in einem Mineralienvorkommen, eingeteilt nach gemessenen, bewerteten und abgeleiteten Vorkommen, oder nach der Dichte der Bohrlochinformationen.

STUDIE ZUR FESTLEGUNG EINES UNTERSUCHUNGSRAHMENS:

Eine Studie in einem frühen Stadium, um für die Entwicklung der Planung die Wirtschaftlichkeit eines Minenprojekts festzulegen. Sie gründet sich im Normalfall auf Annahmen und geschätzte Kosten und ist weder so detailliert noch so verlässlich wie eine Machbarkeitsstudie (zum Beispiel kann noch kein Geldgeber präsentiert werden). Sie kann auch „vorbereitende wirtschaftliche Beurteilung" genannt werden.

STREICHEN:

Die Richtung der Schnittlinie eines Seltenerdvorkommens mit der Fläche der Horizontalebene. Das Streichen eines Vorkommens ist die Richtung einer geraden Linie, die zwei Punkte derselben Höhe in einem Vorkommen miteinander verbindet.

TOLLING:

Verarbeitung von Material, welches anderen gehört, gegen Gebühr und Übernahme des Materials.

VERWÄSSERUNG VON AKTIEN:

Die Minderung des Aktienwerts durch die Ausgabe von Aktien oder Optionsscheinen, welche den aktuellen oder errechneten Gewinn pro Aktie vermindern.

VORAUSSICHTLICHE RESERVEN:

Reserven, deren Menge, Grad und/oder Qualität aus ähnlichen Informationen wie bei den bereits verifizierten Ressourcen errechnet werden, außer wenn sich das Gelände für die Prüfung, die Probebohrungen und Vermessungen sehr von dem bereits bearbeiteten Gelände unterscheidet. Die Gewissheit ist zwar geringer als bei bestätigten Ressourcen, aber hoch genug, um eine Kontinuität (an Mineralvorkommen) zwischen zwei Beobachtungspunkten zu vermuten.

VORKOMMEN:

Eine Gesteinsformation, die wertvolles Material beinhaltet. Die Nutzung beschränkt sich auf Zonen der Mineralisierung, deren Größe ganz oder teilweise durch Probenentnahmen bestimmt wurde.

INFORMATIONS-QUELLEN

Dieser Überblick erhebt nicht den Anspruch auf Vollständigkeit, sondern ist die Aufzählung von sinnvollen und zuverlässigen Informationsquellen, geordnet nach den Bereichen Webseiten und Portale, Online-Communities, nordamerikanische Webseiten und Veranstaltungen in Deutschland.

WEBSEITEN UND PORTALE

Für genaue Daten zu allen regionalen Märkten ist **www.onvista.de** eine sehr gute Quelle.

Nach drei Klicks können Sie alle Handelsplätze auf einen Blick sehen. Hier können Sie auch sehr einfach Portfolios anlegen und pflegen.

Die Deutsche Börse in Frankfurt bietet auf ihrer Webseite **www.exchange.de** Daten zum Parkett und zum elektronischen Handelssystem Xetra an. Bitte lassen Sie sich nicht von dem einseitigen Disclaimer abschrecken. Hier finden Sie auch problemlos historische Daten zu diesen beiden Plattformen. Sollten Sie sich für die Details der Aktie interessieren, sehen Sie in den Stammdaten nach.

Für umfangreichere historische Daten ist die Datenbank von *Börse Online* sehr zu empfehlen. Auf **www.boerse-online.de** finden Sie sehr leicht unter „Aktientools" die „Historischen Daten". Sie können hier Aktienkurse für alle Märkte bis zum 1.1.1998 zurückverfolgen.

Um die aktuellen Unternehmensnachrichten zu verfolgen, können wir Ihnen die deutschsprachige Webseite **www.irw-press.com** empfehlen. Die Seite hat sich besonders auf den Rohstoffsektor spezialisiert und erlaubt es Ihnen, mit einfacher Navigation Ihre Werte zu verfolgen.

ONLINE COMMUNITIES –
HIER WERDEN MEINUNGEN GEMACHT

www.goldseiten.de Unserer Meinung nach die wichtigste Community für den Sektor. Die Seite erscheint auf den ersten Blick etwas überfüllt, aber Sie werden sich sehr schnell zurechtfinden. In den Foren finden Sie gute Informationen, und die Diskussionen in den Boards sind auf einem hohen Niveau.

www.wallstreet-online.de Die größte Online-Community ist eine gute Quelle, um sich einen Überblick zu Meinungen über eine Aktie zu verschaffen. Die Diskussionen stehen allerdings nicht auf dem Niveau der Goldseiten.

www.onvista.de Ein gute Community, die auch ein paar Experten im Bereich Rohstoffe beinhaltet.

www.ariva.de Eine weitere gute Community für Kleinaktionäre. Hier können Sie die Meinungen von Gleichgesinnten erfahren.

DIE WICHTIGSTEN
NORDAMERIKANISCHEN WEBSEITEN

www.tsx.ca Die Seite der Toronto Stock Exchange; hier finden Sie die Daten Ihrer Aktie im Heimatmarkt. Nutzen Sie die Portfoliofunktion und verschaffen Sie sich so jederzeit schnell einen Überblick. Sie können diese Ansicht selbst gestalten – für kanadische Aktien ein Muss.

www.sedar.com und **www.sec.gov** Auf diesen beiden Seiten finden Sie die Geschäftsberichte der Unternehmen. Ein Blick in die Quartals- und Jahresabschlussberichte ist Pflicht, denn hier finden Sie die Zahlen Schwarz auf Weiß.

www.canadianinsiders.com Auf dieser Seite sollten Sie auf jeden Fall vorbeischauen. Sie finden hier die veröffentlichungspflichtigen Wertpapiergeschäfte der Unternehmensleitungen. Sollten Sie hier Käufe von Insidern sehen, dann ist das immer ein gutes Zeichen.

www.mineweb.com Ein großes Portal rund ums Thema Rohstoffe und Minen. Auch mit vielen News zu Technologiemetallen und Seltenen Erden

VERANSTALTUNGEN IN DEUTSCHLAND – NEHMEN SIE DIESE CHANCEN WAHR

Primäre Informationen zum Rohstoffsektor im Allgemeinen und zu Seltenen Erden im Besonderen sind auch in Deutschland zugänglich. Auf den folgenden Veranstaltungen können Sie das Management von nordamerikanischen Aktiengesellschaften persönlich treffen – dazu zählen auch regelmäßig einige der in diesem Buch vorgestellten Firmen.

MESSEN:

www.edelmetallmesse.de Die wichtigste Veranstaltung des Jahres im November in München. Die Mischung aus Vorträgen, Edelmetallhändlern und börsennotierten Gesellschaften erleichtert es jedem Investor, sich einem umfassenden Überblick zu verfassen.

www.deutsche-rohstoffmesse.de Sie findet zweimal im Jahr in Frankfurt statt und zeichnet sich durch ihr Fachpublikum aus. Die Fachvorträge und Seminare sind für Fortgeschrittene gedacht, aber auch für Neugierige gibt es ein umfassendes Angebot.

www.messe-stuttgart.de/invest Im Themenpark Rohstoffe können Sie sich immer im März oder April des Jahres informieren. Auf

der Invest können Sie sich auch über alle weiteren Aspekte zum Thema Finanzen informieren.

THOMAS F. UTTER

EDELMETALL UND
PHÄNOMEN

DER AKTIONÄR EDITION

Thomas F. Utter – Gold – Edelmetall und Phänomen

Ein Goldbuch der besonderen Art! Autor Prof. Dr. Thomas Utter ist Vorstand einer Goldminengesellschaft und seit mehr als 30 Jahren als Geologe tätig. In diesem aktuellen Werk macht er den Leser fit für die Geldanlage in Gold – mit Hintergrundwissen, Anekdoten und vielem mehr, was es in dieser Kombination noch in keinem Buch gab.

160 Seiten / gebunden mit SU / ISBN: 978-3-938350-52-2 / 22,90 €

Michael Mross: Der Währungscrash kommt!

Die Staatsschulden explodieren weltweit. Galoppierende In-
flation und Währungsreformen sind nur eine Frage der Zeit.
Warum das so ist, was genau geschehen wird, wie viel Zeit uns
noch bleibt und was Anleger tun können, um ihr Vermögen zu
retten, erklärt Börsenprofi Michael Mross in diesem aufsehener-
regenden Werk. Retten Sie Ihr Geld – mit diesem Buch!

240 Seiten / gebunden mit SU / ISBN: 978-3-941493-79-7 / 29,90 €

CRASHKURSE

VON ANLEGERN FÜR ANLEGER

Für die Crashkurs-Reihe hat eine Vielzahl namhafter Börsenexperten zur Feder gegriffen. Ziel der Serie ist es, Anlegern verschiedene Teilgebiete des komplexen Themas Börse nahezubringen. Jeder Titel stellt eine abgeschlossene Abhandlung über die Grundlagen eines Teilbereichs der Börse dar. Dabei haben wir Wert darauf gelegt, Praktiker zu Wort kommen zu lassen. Hier schreiben also Anleger für Anleger. Die Serie wird laufend fortgesetzt. Fragen Sie im Buchhandel oder direkt bei uns nach!

Markus Jordan:
Crashkurs ETFs
176 Seiten, broschiert
17,90 € (A: 18,40 €)
ISBN: 978-3-941493-72-8

Sebastian Steyer:
Crashkurs Trading
208 Seiten, broschiert
17,90 € (A: 18,40 €)
ISBN: 978-3-941493-48-3

Markus Horntrich:
Crashkurs Charttechnik
200 Seiten, broschiert
17,90 € (A: 18,40 €)
ISBN: 978-3-938350-57-7

Alexander Natter:
Crashkurs Zertifikate
200 Seiten, broschiert
17,90 € (A: 18,40 €)
ISBN: 978-3-938350-43-0

Sebastian Grebe / Sascha
Grundmann / Frank Phillipps:
Crashkurs Börse
232 Seiten, broschiert
17,90 € (A: 18,40 €)
ISBN: 978-3-938350-67-6

Leon Müller:
Crashkurs Emerging Markets
214 Seiten, broschiert
17,90 € (A: 18,40 €)
ISBN: 978-3-938350-58-4

Alexander Natter:
Crashkurs Fonds
192 Seiten, broschiert
17,90 € (A: 18,40 €)
ISBN: 978-3-938350-41-6

Hubert Roos: Big Silver

Für Privatanleger gibt es eine Reihe von Möglichkeiten, von den Chancen des Silbermarktes zu profitieren. „Big Silver" zeigt, welche Besonderheiten es im Silbergeschäft zu beachten gilt, und bietet Hilfestellung bei der Auswahl der passenden Anlageinstrumente. Hubert Roos ist Finanz- und Rohstoffexperte. Neben „Big Silver" erschien von ihm bereits „Gold-Boom".

126 Seiten / gebunden mit SU / ISBN: 978-3-922669-55-5 / 19,90 €

Hubert Roos: Gold-Boom

Neben einer Anlage in physischem Gold können Investoren auf diverse Alternativen zurückgreifen: Zertifikate auf Gold und Goldminenaktien, Goldkonten, Goldminenaktien und Goldfonds. Hubert Roos vermittelt umfangreiches Hintergrundwissen und stellt die Bausteine vor, mit denen jeder Anleger seine persönliche Strategie für Gold in die Praxis umsetzen kann.

140 Seiten / gebunden mit SU / ISBN: 978-3-922669-49-4 / 19,90 €